人民调解实务手册

RENMIN TIAOJIE SHIWU SHOUCE

侯怀霞　李植　何友胜／主编

法律出版社
LAW PRESS · CHINA
北京

图书在版编目（CIP）数据

人民调解实务手册 / 侯怀霞，李植，何友胜主编. 北京：法律出版社，2025(2025.12 重印). -- ISBN 978-7-5197-9954-0

Ⅰ. D925.114-62

中国国家版本馆 CIP 数据核字第 2025F4K448 号

人民调解实务手册
RENMIN TIAOJIE SHIWU SHOUCE

侯怀霞
李　植　主编
何友胜

策划编辑 李　军
责任编辑 李　军
装帧设计 李　瞻

出版发行 法律出版社
编辑统筹 法律应用出版分社
责任校对 晁明慧
责任印制 刘晓伟
经　　销 新华书店

开本 A5
印张 10.75　**字数** 230 千
版本 2025 年 3 月第 1 版
印次 2025 年 12 月第 3 次印刷
印刷 北京中科印刷有限公司

地址：北京市丰台区莲花池西里 7 号(100073)
网址：www.lawpress.com.cn
投稿邮箱：info@lawpress.com.cn
举报盗版邮箱：jbwq@lawpress.com.cn

销售电话：010-83938349
客服电话：010-83938350
咨询电话：010-63939796

书号：ISBN 978-7-5197-9954-0　**定价**：58.00 元

凡购买本社图书，如有印装错误，我社负责退换。电话：010-83938349

目　录

第一章

调解概述

从"人民调解"的基本原理开始

要做好人民调解,我们需要从对人民调解的了解开始。什么是人民调解,哪些矛盾纠纷能够通过人民调解的方式解决,人民调解是怎么样进行的,人民调解对于纠纷当事人,乃至对整个社会的稳定和关系的和谐有什么意义等这些问题都是从事人民调解时应该知晓的基本问题。

一、什么是人民调解

什么是人民调解,当然这是首要问题,其实也是决定性的问题。只有明白了这个问题,才可能了解和理解后续的其他一切问题。《人民调解法》第二条规定:"本法所称人民调解,是指人民调解委员会通过说服、疏导等方法,促使当事人在平等协商基础上自愿达成调解协议,解决民间纠纷的活动。"据此可推出以下内容。

1. 人民调解是人民调解委员会的调解

人民调解委员会,从性质上看,是依法设立的调解民间纠纷的群众性组织。依照法律规定,村民委员会、居民委员会设立人民调解委员会,企业事业单位根据需要设立人民调解委员会。在组织上,人民调解委员会由委员三至九人组成,设主任一人,必要时,可以设副主任若干人。人民调解委员会是调解的主体,人民调解员是符合法定条件、具有一定素养,具体实施调解的工作人员。

2. 人民调解的客体是民事纠纷

“人民的事情人民办”，这是最朴素的民主原理。人民调解就是人民群众自治的一个示范和榜样，是人民群众处理发生在人民内部的民间纠纷的一种历史悠久的方法。这里的“民间纠纷”，是指公民之间、公民和单位之间，在生活、工作、生产经营等活动中产生的纠纷。除此之外的纠纷，多因其关涉国家利益和社会公共利益而由有权机关予以处理。

3. 人民调解的方法是非强制的

人民调解，顾名思义，是人民自己通过调解解决内部矛盾的一种方法，人民之间的平等性，人民调解委员会的群众性，解决纠纷的自愿性等特点，决定了人民调解一定是在纠纷当事人自愿的前提下，遵循平等原则，通过说服、疏导、协商等非强制的方法达成的。作为调解主体的人民调解委员会无权，也不可能实施强制措施，在这里，调解是强制的敌人，有强制无调解，有调解则无强制。

二、人民调解基本前提

《人民调解法》第三条规定，人民调解委员会调解民间纠纷，应当遵循下列原则：

一是自愿平等原则，即在当事人自愿、平等的基础上进行调解。如前文所述，自愿平等是人民调解的灵魂，没有这一灵魂，人民调解就不再是人民调解。

二是依法调解原则，即人民调解不得违背法律、法规和国家政策。当今，我们国家强调法治，依法治国，建设社会主义法治国家已经写入宪法，法治国家、法治政府、法治社会的建设，是未来的基本目标。人民调解作为其中一环，自不能例外。

三是尊重当事人的权利原则，即不得因调解而阻止当事人依法通过仲裁、行政、司法等途径维护自己的权利。人民调解是人民解决纠纷的一种方法或途径，不单纯是为解决纠纷而进行调解，更重要的是对当事人合法权利和利益的维护和实现。所以，尊重当事人的权利就成为人民调解的出发点和目标。

甚至可以说，《人民调解法》第三条的规定，既是人民调解应遵循的基本原则，也是人民调解理应坚持的前提，怎么强调都不为过。

三、人民调解基本过程

第一是调解的启动。当事人可以向人民调解委员会申请调解；人民调解委员会也可以主动调解。当事人一方明确拒绝调解的，不得调解。基层人民法院、公安机关对适宜通过人民调解方式解决的纠纷，可以在受理前告知当事人向人民调解委员会申请调解。

第二是调解的组织。人民调解委员会根据调解纠纷的需要，可以指定一名或者数名人民调解员进行调解，也可以由当事人选择一名或者数名人民调解员进行调解。人民调解员根据调解纠纷的需要，在征得当事人的同意后，可以邀请当事人的亲属、邻里、同事等参与调解，也可以邀请具有专门知识、特定经验的人员或者有关社会组织的人员参与调解。人民调解委员会支持当地公道正派、热心调解、群众认可的社会人士参与调解。

第三是调解的进行。人民调解员调解民间纠纷，应当坚持原则，明法析理，主持公道。调解民间纠纷，应当及时、就地进行，防止矛盾激化。人民调解员根据纠纷的不同情况，可以采取多种方式调解民间纠纷，充分听取当事人的陈述，讲解有关法律、法规和国家政策，耐心疏导，在当事人平等协商、互谅互让的基础上提出纠纷解决方案，帮助当事人自愿达成调解协议。

第四是调解过程中的情况处理。人民调解员在调解纠纷过程中，发现纠纷有可能激化的，应当采取有针对性的预防措施；对有可能引起治安案件、刑事案件的纠纷，应当及时向当地公安机关或者其他有关部门报告。人民调解员调解纠纷，调解不成的，应当终止调解，并依据有关法律、法规的规定，告知当事人可以依法通过仲裁、行政、司法等途径维护自己的权利。

四、人民调解的费用问题

《人民调解法》第一条规定，人民调解承担着“及时解决民间纠纷，维护社会和谐稳定”的重要职能，不仅要解决纠纷、尊重和维护当事人的权利和利益，同时要维护社会的和谐和稳定，而后者具有更重要的国家和社会意义。正是基于此，《人民调解法》明文规定，人民调解委员会调解民间纠纷，不收取任何费用。国家鼓励和支持人民调解工作。县级以上地方人民政府对人民调解工作所需经费应当给予必要的支持和保障。

第一节

人民调解基本理论

一、人民调解的内涵界定

准确地理解人民调解的内涵，是成为一个合格的人民调解员的必备素质。

首先，人民调解是一种纠纷解决方式，是人民群众实行自我教育、自我管理、自我服务的一种群众性自治活动。《人民调解法》第二条规定，人民调解"是指人民调解委员会通过说服、疏导等方法，促使当事人在平等协商基础上自愿达成调解协议，解决民间纠纷的活动"。要理解法律规定的人民调解概念，需特别注意的是，解决民间纠纷的调解活动，是以人民调解委员会的名义开展的，虽然对纠纷当事人来说，出场的是人民调解员，但人民调解不是个人行为，而是代表人民调解委员会的组织行为。

其次，人民调解是一种规范化、法律化的法律制度。人民调解制度是我国社会主义民主与法治建设的重要组成部分。它是广大群众行使民主权利的一种具体体现，是人民群众自己解决自己的纠纷，自主参与社会事务管理的重要形式。

最后，人民调解是解决基层矛盾纠纷的最主要方式。纠纷的解决途径，大体可分为强制性与非强制性两大类。解决矛盾纠纷，有调解、仲裁、诉讼等多种渠道，仲裁、诉讼都有不同程度的强制性，调解则是典型的柔性解纷方式。社会文明程度越高，调解这种非强制的解纷方式运用越广泛。调解的种类众多，包括人民调解、行政调解、司法调解、行业调解、商事调解，等等，人民调解无疑是解决基层矛盾纠纷的最主要方式。这是因为我国人口规模巨大，相应的矛盾纠纷总量也大，解纷方式必须与基本国情相适应，而人民调解是最贴近普通大众、成本最低的解纷方式，是基层群众解决矛盾纠纷的首选途径。

二、人民调解的依据

人民调解作为化解纠纷的一种重要方式，其实施一定需要有理有据，建立在合法且有说服力的依据之上。一般地，人民调解的依据可以区分为两大类。

（一）正式规范

人民调解所依据的正式规范，在这里指的是人民调解从人民调解委员会成立、组织到运行所依据的具有法律意义的、正式的规范性文件，包括调解本身的法律依据和调解各类具体纠纷时所涉及的法律法规、规章与政策。

首先当然是宪法。我国《宪法》第一百一十一条第二款规定："居民委员会、村民委员会设人民调解、治安保卫、公共卫生等委员会，办理本居住地区的公共事务和公益事业，调解民间纠纷，协助维护社会治安，并且向人民政府反映群众的意见、要求和提出建议。"为贯彻和落实宪法，实践中居民委员会和村民委员会一般均设立人民调解委员会，专职调解民间纠纷。也因如此，我们说人民调解制度是我国社会主义法治体系的重要组成部分。

其次是全国人民代表大会规定的各种法律。尤其是《人民调解法》,这是开展人民调解工作重要的、系统的法律依据,甚至可称之为人民调解的"基本法"。《人民调解法》对人民调解的组织、调解主体、调解程序等方面作出了基本规定,为人民调解的实施和开展提供了基本依据。当然现代社会是法治社会,人们之间的矛盾纠纷的解决往往涉及各种法律规定,人民调解理应遵循这些规定,以这些规定为基础展开调解。

最后是司法部的相关规章等规范性文件。2002年公布的《人民调解工作若干规定》进一步从操作层面明确了人民调解工作的规范,也是人民调解重要的、不可违背的法律依据。

(二)非正式规范

非正式规范是指人们在长期社会交往过程中逐步形成并得到社会认可的约定俗成、共同恪守的行为准则,包括价值信念、风俗习惯、文化传统、道德伦理、意识形态等。

古老传统的人民调解,遵循的往往是"风俗习惯、家法族规、乡规民约、行帮规章、天理人情"。如今,人民调解通过对传统调解的扬弃与发展,家法族规、行帮规章基本不再是调解的依据,但风俗习惯、天理人情等仍然是调解员调解纠纷的重要考量因素,恰当运用这些非正式规范往往能取得事半功倍的效果。学术界甚至将这些非正式规范的运用称为"软法自治"。

实践中的人民调解大量运用非正式规范,这使人民调解相对于其他调解方式更接地气、更有亲和力,这是人民调解的特色,也是优势。人民调解之所以具有高度的灵活性,正是因为它在不违背强制性的法律法规的情况下,针对性地运用乡土特色鲜明的非正式规范化解纠纷，因此能更加高效地化解纷争，实现案结事了。

三、人民调解的主体

（一）人民调解委员会

人民调解的主体，一般指人民调解委员会。《人民调解法》第七条规定："人民调解委员会是依法设立的调解民间纠纷的群众性组织"，第八条第一款规定："村民委员会、居民委员会设立人民调解委员会。企业事业单位根据需要设立人民调解委员会。"司法部《人民调解工作若干规定》第十条第一款规定：人民调解委员会可以采用的设立形式包括农村村民委员会、城市（社区）居民委员会设立的人民调解委员会；乡镇、街道设立的人民调解委员会；企业事业单位根据需要设立的人民调解委员会；根据需要设立的区域性、行业性的人民调解委员会。

据此，人民调解委员会的类型有村（居）人民调解委员会、街道（乡镇）人民调解委员会、行业性专业性人民调解委员会、企（事）业单位人民调解委员会等。其中，数量最多的村（居）人民调解委员会，由于与纠纷主体联系密切、熟悉社情民意，因此成为解决社区纠纷的主要力量。近年来，各地不断涌现行业性、专业性人民调解组织，他们调解的纠纷类型更新快，对调解员的专业素质要求更高。

人民调解工作的定位，决定了人民调解组织主要设立于村（居）、街道（乡镇），目前已实现全覆盖。同时，为适应矛盾纠纷化解工作的需要，县（区）层面设立人民调解组织越来越普遍，甚至地级市设立的人民调解组织也越来越多。

(二)经民政部门登记设立的调解中心、工作室

这类人民调解组织经民政部门登记设立,调解特定区域、领域内的矛盾纠纷,性质为民办非企业单位,具有独立的法人地位。例如,上海市长宁区李琴人民调解工作室、非诉讼纠纷调解中心(工作范围不限于人民调解)等,都是人民调解工作中日益活跃的生力军。

(三)人民调解员

人民调解员是经群众选举或者接受聘任,在人民调解委员会领导下,从事人民调解工作的人员。人民调解委员会委员、调解员,统称为人民调解员。

《人民调解法》规定,人民调解员是由人民调解委员会委员和人民调解委员会聘任的人员担任。担任人民调解员的条件:为人公正,联系群众,热心人民调解工作,具有一定法律知识、政策水平和文化水平。乡镇、街道人民调解委员会委员应当具备高中以上文化程度。因此,人民调解员应当由公道正派、热心人民调解工作,并具有一定文化水平、政策水平和法律知识的成年公民担任。

在来源方面,人民调解员除由村民委员会成员、居民委员会成员或者企业事业单位有关负责人兼任的以外,一般由本村民区、居民区或者企业事业单位的群众选举产生,也可以由村民委员会、居民委员会或者企业事业单位聘任。《人民调解工作若干规定》第十三条第二款即明确了乡镇、街道的司法助理员可担任本乡镇、街道人民调解委员会委员。司法所干部,属于政法专项编制的行政人员,负责指导基层人民调解工作,现实中由于不少地方人民调解员配备不足或基于调解疑难复杂纠纷的需要,在一

定的条件下司法所干部也可以担任人民调解员，而且也是有法律依据的。当然，司法所干部在调解民间纠纷时，应向当事人作出明确的说明，其在本案中不代表行政机关，以免当事人在事实上混淆人民调解与行政调解。退休法官、公安民警，由于其有较高的专业素养、擅长做群众工作，特别适合担任人民调解员。此外，《人民调解工作若干规定》第十三条第三项明确规定“在本乡镇、街道辖区内居住的懂法律、有专长、热心人民调解工作的社会志愿人员”可担任人民调解员。

四、人民调解的受案范围

《人民调解法》规定，人民调解，是指人民调解委员会通过说服、疏导等方法，促使当事人在平等协商基础上自愿达成调解协议，解决民间纠纷的活动。这里的“民间纠纷”就是人民调解的受案范围。

（一）传统的民事纠纷

根据人民调解的性质及其职能，具体讲来，人民调解委员会调解的民间纠纷，包括发生在公民与公民之间、公民与法人和其他社会组织之间涉及民事权利义务争议的各种纠纷。司法部发布的《全国人民调解工作规范》中规定了一般矛盾纠纷。该工作规范要求，对婚姻家庭、邻里、房屋宅基地等常见多发的矛盾纠纷，村（社区）、乡镇（街道）人民调解委员会应采取法理情相结合等方法，及时就地进行化解，努力实现小事不出村（社区）、大事不出乡镇（街道）。

但依据法律规定以及不同部门或组织间的职责分工，人民调解委员会不得受理、调解下列纠纷：一是法律、法规规定只能由专门机关管辖处理的，或者法律、法规禁止采用民间调解方式解决的纠纷；二是人民法院、公安机关或者其他行政机关已经受理或者解决的纠纷。

(二)专业的医患纠纷、商事纠纷等

需要注意的是，现在越来越多的商事纠纷也进入了人民调解的范围。部分商事纠纷，尤其是那些权利义务关系比较简单、涉及利害关系人不多、社会影响不大的商事纠纷，当事人更愿意通过人民调解委员会的调解予以解决。在我国当下的法治环境中，一方面是随着人民调解制度的实施和不断完善，人民调解水平、专业化程度等各个方面都有大幅提升，调解效率和效果都获得认可；另一方面是正式的司法途径无论是从成本，还是社会效果上考量，都不一定尽如人意，所以有大量的商事纠纷选择通过人民调解解决。

司法部发布的《全国人民调解工作规范》中规定，对医疗、道路交通、劳动争议、物业管理等行业和专业领域矛盾纠纷，相关行业性、专业性人民调解组织应运用专业知识，借助专业力量开展调解，同时拓展在消费、旅游、环保、金融、保险、互联网和知识产权等领域开展人民调解工作。

(三)重大疑难复杂矛盾纠纷

《全国人民调解工作规范》要求，对涉及当事人多、案情复杂或社会影响大的矛盾纠纷，以及可能引发群体性事件、越级上访或民转刑等矛盾纠纷，人民调解委员会应统筹律师、基层法律服务、公证、司法鉴定、法律援助和法治宣传等法律服务资源，加强与行政调解、行业性专业性调解、仲裁、行政裁决、行政复议和诉讼等衔接联动，形成矛盾纠纷化解工作合力。

第二节
从一起案件看人民调解案件的受理

案例

搬运工张某在物业大楼因拒绝登记出入信息且态度粗暴而与该楼保安队长刘某发生肢体冲突。其间,刘某使用防暴叉击打张某并施以拳击,致张某鼻骨受伤。后刘某陪张某就医,经诊断,张某因遭外力作用致双侧鼻骨骨折,或可构成轻伤。

为化解该矛盾,刘某、张某共同的好友李某建议就张某受伤后损失如何赔偿事宜前往属地居委会进行人民调解处理。*

解析

面对上述纠纷,人民调解员对是否应该受理甚感疑惑,不知如何应对。答案显然是否定的。或许有人质疑,当前多数公检法等相关部门陆续出台了轻伤害案件委托人民调解的相关规定,为何两人主动前往还被拒之门外?

对此,笔者的解释是,从伤势初步判断,刘某殴打张某的行为

---

* 本书中部分案例根据“司法行政(法律服务)案例库”(https://alk.12348.gov.cn),并结合作者调解的案例改编而成,在此表示感谢!

涉嫌故意伤害罪。根据《刑事诉讼法》相关规定,故意伤害罪属于公诉案件,应由公安机关立案侦查后移送人民检察院审查起诉,再由人民检察院决定是否对被告提起公诉。公安机关立案后,如果被害人与嫌疑人(被告)尚未达成刑事和解,公检法部门可以移送委托当地人民调解员委会就被害人与嫌疑人(被告)的赔偿等相关纠纷进行调解。委托移送后,人民调解委员针对民事赔偿部分方可调解处理。鉴于此,对于可能是治安或刑事案件的,人民调解委员会不可以主动受理调解结案,应拒绝受理。且在工作中,一旦发现当事人之间的纠纷可能构成治安或刑事案件,要及时将上述情况向当地公安机关和其他相关部门报告。

操作提示

一、受理组织

《人民调解工作若干规定》第二十一条规定,民间纠纷,由纠纷当事人所在地(所在单位)或者纠纷发生地的人民调解委员会受理调解。村民委员会、居民委员会或者企业事业单位的人民调解委员会调解不了的疑难、复杂民间纠纷和跨地区、跨单位的民间纠纷,由乡镇、街道人民调解委员会受理调解,或者由相关的人民调解委员会共同调解。

从地域管辖的角度看,民间纠纷一般应由当事人所在地(所在单位)或者纠纷发生地的人民调解委员会受理调解。从专业管辖的角度看,行业、专业领域的矛盾纠纷一般应由相关的行业性、专业性人民调解委员会受理调解。

二、受理条件

人民调解的受理条件，法律上没有具体规定，主要是依据人民调解的工作规范和实践进行的经验总结。一般来看，当事人申请调解，需要符合以下条件：

(1)有明确的被申请人；

(2)有具体的调解要求；

(3)有提出调解申请的事实理由；

(4)属于人民调解受理范围。

《人民调解工作若干规定》第二十四条第一款规定，当事人申请调解纠纷，符合条件的，人民调解委员会应当及时受理调解。人民调解委员会受理调解纠纷，应填写《人民调解受理登记表》。

三、受理方式

这里的受理方式，其实是由纠纷当事人的申请方式决定的。司法部《人民调解工作若干规定》第二十三条规定，人民调解委员会根据纠纷当事人的申请，受理调解纠纷；当事人没有申请的，也可以主动调解，但当事人表示异议的除外。当事人申请调解纠纷，可以书面申请，也可以口头申请。受理调解纠纷，应当进行登记。

据此，人民调解的受理方式包括以下几点。

(一)依申请受理

人民调解委员会可根据当事人的书面或口头申请受理调解纠纷。书面申请的，当事人应填写《人民调解申请书》。

(二)主动受理

对于排查中发现的民间纠纷，群众反映的民间纠纷，人民调解委员会可主动进行调解。

(三)移送委托受理

人民调解委员会可受理党委政府、有关部门移送委托调解的民间纠纷。

四、受理与不予受理的范围

司法部《人民调解工作若干规定》第二十条规定，人民调解委员会调解的民间纠纷，包括发生在公民与公民之间、公民与法人和其他社会组织之间涉及民事权利义务争议的各种纠纷。也就是说，人民调解委员会受理的民间纠纷，包括发生在平等民事主体之间，涉及当事人有权处分的人身、财产权益的各种纠纷，包括但不限于以下纠纷类型：

(1)婚姻家庭、邻里、房屋宅基地、合同、生产经营、损害赔偿、山林土地草场和征地拆迁等常见多发的纠纷；

(2)医疗、道路交通、劳动争议、物业管理、消费、旅游、环保、金融、保险、互联网和知识产权等领域的纠纷；

(3)其他可通过人民调解方式解决的纠纷。

但是，根据该规定，人民调解委员会不应受理调解下列纠纷：

(1)法律、法规规定只能由专门机关管辖处理的，或者法律、法规禁止采用民间调解方式解决的纠纷；

(2)人民法院、有关行政机关、仲裁机构已经受理(委托调解的除外)或者解决的纠纷；

(3)一方当事人明确拒绝调解的纠纷。

五、不予受理的处理

司法部《人民调解工作若干规定》第二十四条规定，当事人申请调解纠纷，符合条件的，人民调解委员会应当及时受理调解。

不符合受理条件的，应当告知当事人按照法律、法规规定提请有关机关处理或者向人民法院起诉；纠纷随时有可能激化的，应当在采取必要的缓解疏导措施后，及时提交有关机关处理。据此，人民调解委员会对于不符合受理条件的纠纷，应告知当事人通过以下途径处理：

（1）有仲裁协议的，可向仲裁委员会申请仲裁；

（2）可向当地人民政府、相关行政主管部门申请行政调解、行政裁决；

（3）可向人民法院提起民事诉讼；

（4）对有可能引起治安案件、刑事案件的纠纷，人民调解委员会应及时向当地公安机关和其他有关部门报告。

第三节

调解工作的基本流程

案例

王某与李某系邻里关系，两人因相邻的阴沟排水问题产生纠纷并多次发生口角和肢体冲突，属地派出所虽对双方作出过行政处罚，但纠纷并未得到实质化解。李某遂拨打“12345”市民热线要求相关部门解决问题。该投诉件被定为某市“12345”热线接报影响群众安全感满意度突出问题投诉督办件，并将之分流至街道调解委员会（以下简称调委会）。

由于人手不足，刚入职的人民调解员小王接手了上述纠纷。因缺乏岗前系统培训，小王的工作积极性虽高，却对纠纷调解的准备工作、流程内容、后续收尾等一筹莫展。

解析

事实上，这并非小王一个人的困惑。当前，国家十分重视基层矛盾纠纷的化解，招聘了大量的专兼职人民调解员，但受师资引导、教材培训等条件所限，一些调解员几乎没有进行过入职培训，使他们在调解实践时不得章法要领，或因找不到矛盾突破口而事倍功半，或因方法不当不甚激化矛盾而南辕北辙，严重挫伤了工作积极性,也背离了调解工作的初衷。

操作提示

一、案件的受理

如前文所述,人民调解委员会受理案件分为三种方式:一是依申请受理;二是主动受理(当事人表示异议的除外);三是移送委托受理。

人民调解员应以口头或书面形式,提前告知当事人调解时间、地点和调解员姓名等信息。这里有一个需要明确的问题,调解期限从什么时间点起算,是从当事人提出申请的时间开始,还是从调解主体收到申请并予以审查后登记立案的时间开始?实践中,多数是从调解员登记立案的时间起算。

确认纠纷的真实情况,总结归纳纠纷当事人双方争议的焦点、难点和矛盾等,是调解前准备工作的重要内容。在案件受理后,正式调解开始前,人民调解员要对纠纷的发生原因、主要事实进行初步调查,尽可能比较全面地掌握纠纷相关情况。

二、调解前的准备

(一)调查核实

"磨刀不误砍柴工"。调解前的准备工作,虽然是幕后的工作,往往不为人所知,也比较琐碎,然而,其重要性并不亚于进入正式调解后的工作。这些准备工作包括但不限于阅读案件相关的资料,初步熟悉案情;熟悉各方当事人的姓名、职业、争议类型、当事人诉求、社会支持系统(如当事人特别信赖的亲友)等。

（二）拟定调解方案

调解员可根据掌握的纠纷基本情况，研究确定调解方案；对于重大疑难复杂的民间纠纷，可制定书面调解方案。此外，调解员应以口头或者书面形式，提前告知当事人调解时间、地点和调解员姓名等信息。

三、实施调解

（一）调解开始前告知

1. 调解员的开场白

“好的开始是成功的一半”。好的开场白能迅速拉近与当事人的距离，建立信任，有助于当事人放下包袱，畅所欲言。调解员可以进行简要自我介绍，着重申明自己立场的中立性和公正性，以自信、坦诚的口吻让当事人相信争议一定能得到妥善解决。

2. 依据《人民调解法》履行告知义务

调解员在调解前应当以口头或书面形式告知当事人人民调解的性质、原则和效力，当事人在调解活动中享有的权利和承担的义务。调解员应向当事人宣布调解的规则，提醒当事人应当遵守纪律。

（二）调解过程：明法析理，说服疏导

1. 充分听取双方当事人陈述。调解员应组织双方当事人进行陈述，引导当事人就纠纷事实责任的认定进行意见交换，对双方当事人进行说服、教育和疏导。调解员应当耐心倾听双方当事人的陈述、主张和意见，并做好记录。

2. 运用各种技巧进行调解。在方法上，调解员应当归纳双方争议的焦点，根据纠纷的具体情况、当事人的特点，灵活采取背靠

背、面对面、情理法结合等方法,开展耐心、细致的说服疏导工作。调解的重点常常在于,要以当事人明白的方式讲好法律政策、公德情理,帮助当事人查明事实、分清是非、明确责任。

(三)调解结案

1. 帮助达成协议,防止纠纷激化。调解员应在引导当事人平等协商、互谅互让、消除隔阂的基础上,适时提出公道、合理和可行的纠纷解决方案,帮助当事人自愿达成调解协议。调解民间纠纷,发现纠纷可能激化的,应采取控制调解节奏、避免当事人接触、疏导当事人情绪等方法,防止当事人采取过激行为。对有可能引起治安案件或者刑事案件的,应及时向当地公安机关和其他有关部门报告。

调解协议分调解协议书和口头协议两种。调解协议书,按照《人民调解法》的要求一般应载明:(1)当事人的基本情况;(2)纠纷的主要事实、争议事项及各方当事人的责任;(3)当事人达成调解协议的内容、履行的方式、期限。为更好地实现调解效果,巩固前期所做大量工作的成效,在订立调解协议时约定违约责任的做法值得倡导。

有一点值得强调,就是调解协议的效力。为此,调解员需要向当事人明确,在人民调解委员会主持下达成的调解协议,具有法律约束力,当事人应当履行。对纠纷复杂、标的较大的案件,人民调解员可以引导当事人向人民法院申请司法确认。

2. 做好记录和立卷归档工作。《人民调解法》规定:“人民调解员应当记录调解情况。人民调解委员会应当建立调解工作档案,将调解登记、调解工作记录、调解协议书等材料立卷归档。”

调解记录是调解情况的真实反映。比如,当事人姓名、受理纠纷时间、争议的内容、达成协议或者调解不成的情况、书面协议或者口头协议、调解协议的履行等情况。也就是说,无论是否达成调解协议,无论调解协议是书面的还是口头的,都应当由人民调解员记录调解的情况。

3. 未达成调解协议的处理。人民调解员调解纠纷,调解不成的,应当终止调解,并依据有关法律、法规的规定,告知当事人可以依法通过仲裁、行政、司法等途径维护自己的权利,由当事人进行选择。要提醒当事人冷静、理智、正确地依法办事。

(四)调解中的其他事项

1. 专家咨询与委托鉴定。调解员调解民间纠纷,可根据需要咨询专家,专家咨询意见可作为调解的参考依据。此外,需要进行相关鉴定以明确责任的,经双方当事人同意,可由人民调解委员会委托有法定资质的专业鉴定机构进行鉴定,也可由双方当事人共同委托鉴定。

2. 保密要求与终止调解。人民调解委员会及其人民调解员应对当事人的个人隐私或商业秘密等事项予以保密。未经双方当事人同意,人民调解委员会不应公开进行调解,也不应公开调解协议的内容。此外,有下列情形之一的,人民调解委员会应终止调解:当事人拒绝继续接受调解的;经调解不能达成调解协议,当事人提出通过仲裁、行政或诉讼等途径解决的;纠纷情况发生变化,不宜继续采用调解方式解决的;其他应终止调解的情形。

3. 调解期限与司法确认。在调解过程中,调解员应记录调解情况,填写《人民调解记录》,并一般自受理之日起30日内完成调解。需要专家咨询或者鉴定的,专家咨询或者鉴定时间不计入调解期限。因特殊情况需要延长调解期限的,人民调解员和双方当事人可约定延长调解期限。超过调解期限未达成调解协议的，视为调解不成。

此外，当事人申请确认调解协议效力的，可自调解协议生效之日起30日内，共同向主持调解的人民调解委员会所在地基层人民法院或者它派出的法庭申请司法确认。人民法院在立案前委派人民调解委员会调解并达成调解协议，当事人申请司法确认的，向委派的人民法院申请。

四、调解协议的履行

（一）调解协议的形式与内容

调解协议包括以下形式：经人民调解委员会调解达成调解协议的，可制作《人民调解协议书》；当事人认为无须制作调解协议书的，可采取口头协议形式，由人民调解员填写《人民调解口头协议登记表》。调解协议书的内容可载明下列事项：当事人的基本情况；纠纷的主要事实、争议事项以及各方当事人的责任；当事人达成调解协议的内容，履行的方式、期限和违约责任等。

（二）调解协议的生效与效力

调解协议包括调解协议书和口头调解协议。调解协议生效要求如下：调解协议书自各方当事人签名、盖章或者按指印，人民调解员签名并加盖人民调解委员会印章之日起生效。调解协议书应由当事人各执一份，人民调解委员会留存一份；口头调解协议自各方当事人达成协议之日起生效。依法达成的人民调解协议具有法律约束力，当事人应遵照诚实信用的原则，自觉、全面、及时履行调解协议。调解协议的效力要求如下：具备下列条件的，调解协议有效：当事人具有完全民事行为能力；意思表示真实;不违反法律和行政法规的强制性规定;不违背公序良俗。

具有下列情形之一的,调解协议无效:损害国家、集体或者社会公共利益;双方当事人恶意串通,损害他人合法权益;违反法律和行政法规的强制性规定;违背公序良俗。需要注意的是,无效的调解协议自始没有法律约束力。调解协议部分无效,不影响其他部分效力的,其他部分仍然有效。

(三)不履行调解协议的处理与履行情况回访

当事人不履行调解协议或者达成协议后反悔的,人民调解委员会按照下列情形分别处理:当事人无正当理由不履行协议或者履行不适当的,应做好当事人的工作,督促其履行;当事人提出协议内容不当,或者人民调解委员会发现协议内容不当的,应在征得各方当事人同意后,经再次调解变更原协议内容;或者撤销原协议,达成新的调解协议;对经督促仍不履行人民调解协议的,应告知当事人可以就调解协议的履行、变更或撤销向人民法院起诉。此外,人民调解委员会应对人民调解协议的履行情况适时进行回访,并填写《人民调解回访记录》。

第四节 人民调解工作的意义

案例

楼下的小李在家学习备考期间，深受楼上张某家孩子淘气玩闹的困扰。小李随母多次上楼沟通，不仅未得到理解，还被张某夫妇以活动好动乃孩子天性为由而拒绝。该纠纷拉扯了一年有余，甚至报警也未得到妥善解决。李家因不堪忍受噪声影响遂用震楼器反击，矛盾激化，给两家的工作和生活都造成极大影响。

为切实化解矛盾，由法官、民警、人民调解员等人组成调委会共同来调解此事。人员到齐后，楼上、楼下邻居各自说明了情况，与会人员从法律道理、人情道德等角度纷纷对当事人进行了劝解。在专业的调解和多方的努力下，这起长达一年多的噪声扰民纠纷成功化解。双方当事人对调解员表达了由衷的谢意。

解析

类似上述看似琐碎的纠纷是多数调解员习以为常的案例。在年复一年的工作中，这些看似无关紧要的小事会使调解员在一定程度上产生懈怠，也存在部分调解员内心欲通过疑难纠纷的调解彰显自己实力价值而忽视了细碎烦琐的家庭邻里等纠纷的解决。然而，以笔者多年的调解经验，工作内容无非鸡毛蒜皮的生活琐事。世界再大，也不过最平凡的芸芸众生。上述纠纷看似无关紧要，实则是刻不容缓的民生问题，影响着当事人最基本的衣食住行刚需。若小事处理不当，怨气日积月累难免不节外生枝，滋生违法犯罪。鉴于此，调解员要提高站位，从本质上认识到调解的意义才可对自己工作的价值有清晰的认知。

操作提示

一、节约百姓的金钱、时间与精力

本案所展现的虽是琐事，但上下楼邻居为此争执已久且被逼无奈使用了震楼器，可以想见对双方正常生活的影响之大。根据历年人民调解与人民法院对纠纷案由与数量的统计，相邻纠纷始终占据统计表格的榜首，侧面反映了熟人纠纷的高发态势。此类纠纷一旦发生，双方往往因“要面子”或“争口气”而僵持，为此陷入无休止的恶性循环，严重消耗彼此的精力，影响彼此的情绪。调解员若能以第三方的身份及时公正介入，多数纠纷能很快被化解，可以节约双方的时间与精力。

二、减少诉累，节约司法成本

亲历过诉讼的人都知道成本之大。多数人没有诉讼经验，且不论案件在司法程序上的胜败与执行，仅立案程序就已耗时良久，更别提聘请专业律师又是一笔不菲的开支。此外，随着当前纠纷的不断产生，司法机关案多人少的情况突出，纠纷悉数涌向司法机关不切实际，更多的应通过人民调解予以化解。如此不仅可以减少百姓的诉累，还可以节约司法成本。如此司法机关才能将更多的时间与精力用于解决争议较大或新型纠纷，更好地维护社会的公平与正义。

三、避免矛盾升级，节约社会治理成本

本案中，虽然纠纷持续一年有余且一方当事人使用了震楼器反击，但有经验的调解员一定会为双方的克制没有升级矛盾而点赞。实务工作中发现，纠纷在萌芽阶段若未能被有效干预，容易发生“民转刑、刑转命”的案件。S省张扣扣案就是邻里宅基地纠纷未能妥善处理引发的杀人事件；S省王某良案也是樱桃树挡路而与邻居起纷争导致多人伤亡的案件。类似纠纷一旦升级，无论是对当事人的伤害，还是后期社会治理成本都是指数型增加的。如果有人民调解力量在矛盾初期就能及时介入，春风化雨解一日之寒，冰冻又岂会三尺？

四、实现调解员的自我价值

自我价值是指在个人生活和社会活动中，自我对社会作出贡献，而后社会和他人对其作为人的存在的一种肯定关系。调解工作十分普通，但如果我们尽心尽力深耕厚植，完全可以在平凡中孕育伟大，实现自我价值。比如，在调解员的工作下，濒临感情破裂的夫妻双方重归于好，紧张的邻里关系得到缓解并握手言和，普通的消费纠纷在高超的调解技巧下快速化解后，当事人对调解员致以由衷谢意之时，难道调解员的成就感和幸福指数不会跟着当事人共情而爆棚吗？当越来越多的人对调解工作给予认同和肯定，当一方治安越发平安与和谐，调解员的自我价值也在悄然实现。

小 结

本章通过四节的内容，即人民调解的基本理论、人民调解的受案范围、调解工作的基本流程、人民调解工作的意义，让大家了解了人民调解在调解范围、基本流程和实际意义方面的一些重要原理和道理，有这样几点值得总结和强调。

一、人民调解需要依法进行

法治已然是我们国家的基本治国方略，人民调解作为依法治国的组成部分，一定要在法律的框架内进行，违反法律的调解不仅是无效的，而且是应该被禁止的。人民调解是人民调解委员会通过说服、疏导等方法，促使当事人在平等协商基础上自愿达成调解协议，解决民间纠纷的活动，这是国家通过《人民调解法》对人民调解的基本定位，人民调解应遵守《人民调解法》以及其他各种法律规范性文件的规定，始终不逾越法律的底线。

二、人民调解需要遵循正当、有效、规范化的程序

人民调解对纠纷的处理，不是一蹴而就的，它是一种过程性行为，这种过程性决定了人民调解遵循一定程序是必要的，也是非常重要的。是否具有正当、有效和规范化的调解程序，常常是调解能否成功的决定性因素，也是重要的评判指标。

三、人民调解员应理解人民调解的意义和价值

人是追求意义的生物，在工作和生活中寻求、追求和实现一定的价值，是人区别于其他生物的重要标志。意义和价值，是人为一定行为的动力和目标。

一方面，在人民调解这一领域，我们不难发现，相对于司法、行政等国家机关处理纠纷的方式，人民调解通过灵活、温和、亲切的方式解决民间纠纷，无疑对纠纷当事人更具亲和力，是有意义和有价值的，进而有利于民间社会关系的维护和社会的稳定和谐。

另一方面，对于参与纠纷解决的人民调解员而言，又何尝没有意义和价值呢？人民调解员通过自己的努力和辛勤工作，不仅化解了纠纷，实现了当事人和社会的目标，于民于国均是利好；而且是调解员自我价值的实现。明白这些，对于提高调解员参与调解的积极性和有效性非常重要。

第二章

调解理念解读

观念引导行动

一、心理学上的依据：观念的影响力和决定性

人是有意志的动物，心理学以及哲学一般认为，是人的意志引导人的行动，人应该对其自由意志的行为承担责任。有什么样的观念或理念，就常常会体现出或表现为相应的行动。正常状态下，人们会按照自己的观念和意志行事，采取行动。

思维方式反映了人们看待问题的角度、方法及方式。不同文化背景的人有着不同的思维方式。观念是思想所表达的个人或群体的主观意识形态。观念是思维的基础，反映和掌握着现实世界并创造新的存在。在柏拉图看来，现实世界不过是理念世界的影子，观念是人脑对客观事物及其生活环境完善的范式化结果。

观念不仅反映了客观的社会现实，还能反映创造观念的对象。思维体系是根据个人观念需求建立的。思维体系的建立是我们认识客观事物的一个漫长过程，它能促进人类认识世界的不断深入。无论是何种观念都以一定的方法论为基础来构建自身独特的思维体系。人的心理感觉和心灵悟性通常源于观念的潜意识，人的思维方式与认知能力则来自理性观念，人的思维取决于观念意识与潜意识间的辩证关系及思维的基本结构特质，这些要素构成了人的思维智慧和思维力。

一个人的思维体系反映了个体的潜意识能量和观念意识的

理性素养,也折射出思维主体的思想眼光和创造才能。由于人的思维体系深藏于人的哲学观念意识领域,其思维方式来自观念的广度、深度、高度、厚度、新度等,具有较为科学的应变性、灵活性和思辨性。个体行为来自思想,思想源于思维,思维出自观念,观念根植于个人潜意识,思维观念是思维体系。[①]

二、人民调解应秉持的基本理念

人民调解是人类的有意识的智识和理性活动,是在一定的社会生活智慧和国家法律制度的规范和约束下进行的社会活动,必然也理应受到一定的理性和规则的规制。这些理性和规则的约束,从调解人员的角度讲,就是其在调解过程中应秉持的基本理念。

(一)人民调解的预防理念和优先理念

被称为“东方经验”的人民调解,已经跨洋过海在全世界流行起来,被各国普遍重视。之所以如此,不仅因为人民调解节约了司法成本,维护了社会关系和谐和稳定,更因为人民调解通过其灵活性等特征,可以在某种程度上预防矛盾冲突的发生,起到未雨绸缪、防患未然的作用。

在我国的各级各层的文件中,多处多次提到“诉源治理”的问题。2021 年,中央全面深化改革委员会第十八次会议审议通过《关于加强诉源治理推动矛盾纠纷源头化解的意见》,从矛盾纠纷源头预防、前端化解、关口把控三个维度对诉源治理作出顶层设计部署。

---

① 参见张朝昌:《语文思维学》,九州出版社 2023 年版,第 21 页。

诉源治理是从源头上化解纠纷矛盾，利用各种途径，通过引导和疏导的方法，以预防和解决纠纷为主要职能的一种基层治理方式，是一种以“源头预防为先，非诉机制挺前，法院裁判终局”为核心的社会矛盾冲突处理体制。

诉源治理是新时代“枫桥经验”在司法领域的延伸，诉源治理将司法触角延伸至基层，预防基层矛盾纠纷激化，人民法院可以通过发扬新时代“枫桥经验”，在能动司法理念的指引下将诉源治理融入基层治理，实现矛盾纠纷的高效、实质性化解。① 通过人民调解的诉源治理，无疑在诉源治理方面具有重要地位和意义。

《法治社会建设实施纲要（2020—2025 年）》指出“充分发挥人民调解的第一道防线作用”。最高人民法院、司法部联合颁发《关于充分发挥人民调解基础性作用　推进诉源治理的意见》，其中指出：坚持预防为主。坚持抓早抓小抓苗头，引导基层群众优先选择人民调解等非诉讼方式，夯实诉源治理，切实把矛盾纠纷解决在基层、化解在诉前。

正是因为调解常常能够起到预防矛盾纠纷发生、激化的作用，所以在现实中，不仅人民调解，甚至其他各种纠纷解决机制，无论是诉讼、仲裁，还是行政机关进行的裁决，等等，都将调解优先作为基本原则，作为民事纠纷解决的基本原则。

（二）依法调解理念

“依法治国，建设社会主义法治国家”已经被写入宪法，全面依法治国是党领导人民治理国家的基本方略。法治国家、法治政

---

① 参见张晔军、于家傲：《能动司法理念下诉源治理融入基层治理的路径选择》，载中国法院网，https://www.chinacourt.org/article/detail/2023/12/id/7593142.shtml。

府、法治社会一体建设，已经在不断地开展，构成法治的三个不同层面。人民调解是法治社会的重要组成部分，是法治国家建设和实现的必要途径，依法调解就成为必由之路。《人民调解法》以及司法部出台的《人民调解工作若干规定》、《全国人民调解工作规范》等，象征着人民调解的规范化和制度化。

人民调解作为民间纠纷的解决方式，要想保持其生命力和有效性，必须与时俱进，顺应国家和社会的法治潮流，将法律作为其底线和基本依据。《人民调解法》在“总则”中规定，人民调解应该遵循的原则中包括“不违背法律、法规和国家政策”，这是底线要求和原则，基于法治和当下的实践，依法调解已是必然。司法部《人民调解工作若干规定》第四条规定，人民调解委员会调解民间纠纷，应当遵守的原则第一个就是“依据法律、法规、规章和政策进行调解，法律、法规、规章和政策没有明确规定的，依据社会主义道德进行调解”。

（三）实质调解理念

最高人民法院、司法部联合颁发《关于充分发挥人民调解基础性作用　推进诉源治理的意见》中要求人民调解“坚持实质化解。不断提升调解能力，提高调解协议自动履行率，保证调解协议效力，依法维护人民调解权威，促进矛盾纠纷就地实质化解”。

无论是从宏观层面为了实现国家和社会层面的“诉源治理”，实现国家和社会的和谐稳定，或是从中观层面人民调解组织自身的调解成就、效率，还是从微观层面调解员个人的成就感、自豪感、使命感、责任感等，以及当事人具体纠纷的化解、关系的维护，人民调解都倾向于或旨在实质性地化解纠纷，唯其如此，方可实现人民调解员和人民调解委员会的意义和价值。在这一点上，人民调解与司法裁判、行政裁决是不同的。事实上，人民调解之所以在诸多纠纷解决方式中脱颖而出，成为人民喜闻乐见的纠纷解决途径，正是有赖于其实质性化解纠纷的理念，以及基于这一理念所采取的各种积极行动。

三、将调解理念付诸实际行动

调解新的理念、科学的理念、公正合法的理念，既可能是人们自生自发的，也有一些是需要启蒙、学习，乃至灌输的。对于人民调解而言，其经历了不断发展的历程，由传统的人民调解，发展为新时代、法治社会的人民调解，启蒙和强调新理念是必要的，是人民调解与时俱进的必由之路。

人民调解员，作为调解的实施者，需要秉持上述基本理念，并将这些理念转化为实际的调解行动，做到“念行一致”，万万不能成为“理念的巨人、行动的矮子”，否则不仅损害人民调解本身，也无助于国家和社会“诉源治理”之目标的实现。

第一节
预防在前

案例

“微信群里有群众反映问题呢，咱们一起上门去看看。”某日，看到居民群里的一条消息后，社区调解员李主任一下子坐不住了，喊上同事赶往社区11号楼。

“天天漏水，我家墙皮都掉了。”一看见李主任，一位中年妇女快言快语，开始“告状”。

经过一番了解，李主任得知，楼上住户长期不在家，家里漏水问题没得到及时处理，导致楼下顶棚渗水，墙面受损。李主任通过社区微信群联系到了住在楼上的年轻小夫妻，说服他们周末回来处理漏水问题并帮楼下住户修缮墙面，同时缓和了楼下住户激动的情绪。周末，年轻小夫妻解决了漏水问题，楼下的住户也表达了感激之情。

解析

类似上述尚处于“萌芽”阶段的纠纷案例，是李主任工作中的家常便饭。她充分利用社区微信群及时发现矛盾隐患，跨前一步，将矛盾的“萌芽”扼杀在摇篮中，真正实现了事前预防，践行了党中央关于“预防在前、调解优先、依法调解、实质调解”之“预防在前”的理念。

诚然，“不治已病治未病”的方式确实能取得良好的社会效果，不仅降低了百姓解决问题的成本，也节约了人民调解的精力。但在实务工作中，多数调解员的工作理念尚停留在“化解”中，而非“预防”上。因此，想要深入贯彻党中央“预防在前”的理念，全面铺开落到实处，则需要一套机制与“组合拳”对“李主任们”加以保障，化被动为主动。

操作提示

一、与相关部门建立信息共享机制，及时获取纠纷苗头

由于调解员非隶属于国家行政机关，在获取矛盾信息方面不具有主动性，因此人民调解想要跨前一步，就需要与公安派出所、综合治理中心、非诉讼服务中心、流动调解工作站、企事业单位等基层维稳单位建立信息共享机制，力争做到信息发现全覆盖、无盲区。同时，人民调解还需与社区网格员、平安志愿者、娱乐场所负责人等群防群治力量建立联系，通过即时微信、电话等沟通联络，一旦获取相关纠纷信息，及时跟进。

二、建立日常排查机制，消除隐患

通常情况下，排查可分为普通排查与重点排查，不定期排查与集中排查。普通排查是指对村组、社区、企事业等进行横向的全方位摸底，掌握隐形矛盾纠纷。重点排查是指针对矛盾纠纷易发多发的重点地区、重点人群、重点时段等进行纵向的重点关注。特别是在重大节日或重要活动期间，调解员要组织开展矛盾纠纷

大排查专项工作，切实有效预防矛盾发生，如年前在企业、工地排查是否有拖欠农民工工资的现象。同时，要做到每月在辖区内进行一次以上的集中排查，及对辖区内特殊单位及人员根据情况进行不定期排查，争取“早发现、早介入”，切实消除隐患。

三、开展线上线下法律咨询答疑服务，主动干预即将形成的纠纷

在做好调解工作的同时，调解员还要坚持“谁服务谁普法”的理念向当事人及周围的百姓普及法律知识，从源头上预防和减少矛盾纠纷的发生。此外，调解员在进行法律宣传的时候，要学会使用微信群、公众号、法制讲座等各种手段。对于法律资料，要分发到家，加强对百姓家庭纠纷、邻里纠纷的宣传教育与预防。当前，几乎每个社区都有微信群，微信群里不仅会有一般性的信息交流，而且时常会有业主对物业管理的怨言、邻里之间的口角等问题，这些冲突如果不能及时解决，可能会有部分演变成线下的冲突。此时，调解员要及时关注，积极地进行法律引导，接受线上的法律咨询，必要时像案例中的李主任那样主动“出击”干预，将纠纷化解在正式的冲突发生之前。

四、建立预警和应急处置机制，将矛盾扼杀在萌芽状态

实务工作中，不少人民调解组织依托司法所成立了矛盾预警调处工作中心，设立了预警专线电话，做到对纠纷“早发现、早介入”。针对可能发生的突发事件，要切实制定好应急措施和应急预案，形成反应灵敏、运转高效、高度统一的应急指挥机制，确保一旦发生群体性事件，能够依法果断处置，增强工作主动性和预见性。尤其是对于容易发生的群体性的劳资纠纷、工亡纠纷、物业纠纷等，调解员要在纠纷尚未形成之前，通过预警和应急处置机制得到有效信息情报后，第一时间赶赴现场，将矛盾扼杀在萌

芽状态。

五、建立合理的奖惩机制，提高调解员参与纠纷预防的积极性

调研发现，在经济较发达的地区，对调解员超过基本工作量的部分会有较为丰厚的物质奖励，极大地激发了调解员的工作积极性，因此吸引了大批素质较高的人员参与这项工作。但是调研也发现存在个别调解员为了得到相关单位的物质奖励，故意制造纠纷刷数据的现象。从上述看出，要想调解员积极主动地从事调解工作，除了必要的精神鼓励外，物质保障也是必需的，否则工作可能出现推诿现象。由于"不治已病治未病"调解成本最低，其成果却难以"被看到"，调解工作就难以考核量化，因而导致调解员的积极性不高，多数调解员都在纠纷正式形成之后再进行干预处理。此时，调解成本就会相应提高。对此，想要调解员积极地参与纠纷预防工作，就需要建立合理的奖惩机制，让调解员有动力做好预防纠纷的工作。如可以参照"无群租房小区"等模式，建立"枫桥式"小区，对负责相关辖区的调解员颁发"矛盾纠纷零发生"等荣誉奖牌。

第二节 调解优先

案例

某日，杨某出差至A地就餐期间，被饭店老板陈某的小狗咬伤小腿。杨某报警后，司法所介入调解。因对责任划分及赔偿问题存在一定分歧，杨某与陈某未能第一时间达成调解。考虑到杨某要返回工作，司法所存留杨某门诊收费票据、疫苗接种卡、身份信息等复印件后，双方均表示同意使用微信线上调解。几日后，在调解员的主持下，三方建立微信群，通过视频与留言的方式展开调解工作，半个小时后双方达成协议，陈某当即履行了调解协议的义务。

解析

上述案例是当前人民调解工作开展的一个缩影，纠纷争议不大，但确确实实为当事人解决问题提供了方便，受到广大百姓的称赞。人民调解普及率越来越高的同时，也受到国家的高度重视与肯定。当前，党中央对调解工作的理念做了最新要求，即“预防在前、调解优先、依法调解、实质调解”。其本质为人民调解本身就承担着调解纠纷的重担，自然要把千千万万的纠纷化解在第一时间,尽可能地避免当事人通过诉讼的方式去解决纠纷,也即“调解优先”。

操作提示

一、明确人民调解的优势

纠纷发生后,绝大多数当事人都希望能够尽快解决。在化解纠纷的多元方式中,调解的效率应是最高的。只是很多当事人在纠纷发生后只知道打官司一条路,并不知道其他解决途径。因此,在当事人申请调解或公安机关、人民法院将纠纷移送至人民调解组织时,调解员要在充分尊重当事人意愿的基础上,将人民调解“及时、高效”的优势及时告知当事人。相信当事人在权衡利弊后,会理性选择人民调解方式作为优先手段,实现自己利益的最大化。如开头的案例中,双方都乐意接受人民调解的线上调解工作从而促成了矛盾纠纷的高效化解。

二、熟练使用线上调解方式

随着互联网的普及,人民调解由传统的“面对面”调解发展成了“线下线上”调解(通过微信、小程序等方式调解)并存的模式。虽然大量的调解实践证明“面对面”的调解效果更好,但就当事人一方或者双方均在异地或争议标的较小的纠纷,线上调解就有着不可比拟的效率优势。如本案中,杨某从外地到A地出差与人发生纠纷,争议焦点与赔偿金额均非疑难问题,只是短时内无法解决,其又因工作关系返程在即。此时,线上调解的优势便十分突出,填补了线下调解的缺陷。因此,调解员要提高线上调解的意识,并熟练掌握线上调解的工具,得到当事人配合,实现“调解优先”的目的。

三、积极与相关部门对接

当前,人民调解组织分布在祖国每一个有需要的地方,为百姓第一时间求助提供了极大的便利条件,调解了大量的矛盾纠纷,但报警与诉讼仍是不少人解决纠纷的第一反应与选择。诚然,报警有其本身的便捷优势,如本案当事人杨某,在人生地不熟的 A 地,报警求助是最经济便利高效的方式。因此,人民调解想要及早介入第一时间流入其他部门尤其是公安机关的民间纠纷,就要与司法所、律所、派出所等相关部门建立有效的对接机制。此外,还要建立“7 ×24 小时无缝”的对接机制,才能使该机制发挥更好的效果。

四、建立合理的奖惩机制

根据法律规定,人民调解委员会调解民间纠纷,不收取任何费用。而人民调解委员会开展工作的办公条件和必要的工作经费,由村民委员会、居民委员会和企业事业单位提供。从当前实际出发,我国各地的经济条件差异较大,发达地区的经费较为充足,经济较为落后的地方则缺乏保障,其直接与调解员的工作积极性挂钩。因此,要想“调解优先”能够得以落实,建立合理的奖惩机制很重要,对做得更多更好的调解员给予更多的物质回报,而消极不作为的调解员要受到应有的惩罚。

第三节

依法调解

当前,党中央对调解工作的理念作出最新要求,即“预防在前、调解优先、依法调解、实质调解”。那么,何为“依法调解”?

有人认为,调解程序和协议内容均严格按照法律法规规定,方为“依法调解”,否则即为违法调解、“和稀泥”调解;也有人认为,只要双方当事人意思表示达成合意,即为此意。那么究竟该如何科学理解党中央理念,在笔者展示自己观点之前,先看一个现实案例。

案例

贺某从某公司订购一批西瓜,并与田某签订运输协议,由田某负责将西瓜从该公司运输到指定批发市场,货到由贺某支付运费7000元。后田某依约将西瓜运送到目的地,贺某却以西瓜质量有瑕疵为由拒绝支付运费,双方因此发生纠纷。某调委会介入调解。

田某称,西瓜送到以后,贺某先以货到时间太晚为由不让卸货,次日卸货后,其又以部分西瓜品质不佳为由要求田某联系公司退还部分货款,否则不支付运费。田某认为,根据运输协议,自己只负责运送货物,货到后贺某应依约付款。而关于西瓜品质问题，贺某应自行与公司协商。田某多次要求支付运费，贺某拒不支付。为此田某滞留两天一夜。公司称，公司依贺某要求助其寻找运输司机田某后，贺某与田某自行签订运输协议，公司未参与。

解析

调解员首先指出贺某行为欠妥，并详细讲解了相关法律。《民法典》第八百三十条规定："货物运输到达后，承运人知道收货人的，应当及时通知收货人，收货人应当及时提货。收货人逾期提货的，应当向承运人支付保管费等费用。"

该案中，田某已依约将货送至目的地并卸车过称，贺某理应足额支付运费。同时，由于贺某拒付运费致田某及货车滞留三天，贺某还应承担由此给田某造成的其他损失。

经过调解员释法析理，贺某认识到自己的错误，愿意足额支付运费并赔偿给田某造成的其他损失，同时向田某道歉。田某接受道歉并表示只需按协议足额支付运费即可，放弃对其他损失的赔偿要求。在调解员的主持下，双方自愿达成以下协议：(1)贺某签订协议后立即微信支付田某运输费7000元；(2)田某放弃其他损失赔偿要求；(3)贺某赠送田某100公斤西瓜。双方握手言和，均对调解结果表示满意。那么，该调解协议属于"依法调解"吗？

对此，或许有人要提出疑问，既然"依法"调解，贺某不仅要足额支付运费，还应承担田某滞留的损失；而其赠与田某100公斤西瓜的行为超出了田某的诉求，且无法律依据。据此，上述调解协议不属于"依法调解"，系违法调解，"和稀泥"调解。

笔者认为，这是对"依法调解"存在一定的误读。根据笔者调解大量民间纠纷的工作经验来看，如果完全不折不扣地按照法律的规定给出调解建议，缺乏灵活性，则多数民间纠纷难以达成调解协议。调解工作，调解的不仅是纠纷本身存在的问题，还有案件背后的情理和当事人的情绪态度。而“依法调解”，不仅包括程序上的合法，也包括实体上的合法。

操作提示

程序上合法，主要是指调解工作应在遵循我国《人民调解法》所确立的各项基本原则和程序制度的前提下进行。程序合法也包括对当事人一些程序性权利的维护和实现，比如，当事人在调解过程中所享有的类似法院审判过程中的答辩权、申请回避权、举证质证的权利、辩论的权利、发表调解意见的权利。

实体上合法，主要体现在调解协议上。在协议的内容上，应当确保当事人只能处分属于涉案当事人自己的合法权益范围之内的标的，不得处分案外第三人的权益，不得处分国家或集体所有的权益，更不能进行恶意调解，欺诈他人。同时，即使是对案件当事人自己权益的处分，也不能违反法律、行政法规的强制性规定，不违背公序良俗，也不能损害到国家利益、社会公共利益。

以本案为例，调解员在整个调解过程中，没有违背双方意愿，程序合法。在协议中，调解员依据《民法典》第八百三十条规定告知了双方的权利与义务，田某放弃了因贺某不配合导致的损失赔偿属于处分自己的权利，没有违反法律、行政法规的强制性规定，也没有违背公序良俗，没有损害第三人的权益与国家或集体所有的权益，调解员应予以支持。

综上,笔者认为,在调解过程中所谓的“依法调解”通俗地概括就是指,法律法规的具体规定给调解员指明了达成调解协议的方向,提供了参考,同时“不能违反法律、行政法规的强制性规定,不违背公序良俗,不得处分第三人的权益与国家或集体所有的权益”之规定,则为调解协议划定了底线。

鉴于此,在方向、参考与底线之间达成的协议,哪怕协议内容最终超出一方或者双方当事人最开始的诉求范围,都属于“依法调解”。如本案中贺某赠送田某 100 公斤西瓜;又如医患纠纷中,虽然调解员划分了双方的责任也谈好了赔偿的费用,但最终的协议是患者不再追究医院责任,而医院也给患者提供最优质的医疗条件,都属于“依法调解”。

第四节

实 质 调 解

一、什么是实质调解

当前,党中央对调解工作的理念作出最新要求,即“预防在前、调解优先、依法调解、实质调解”。那么,何为“实质调解”?

相信很多人都会认为,所谓“实质调解”,是指调解最终实现案结事了,实现国法、天理、人情的统一。但案结事了、国法、天理、人情等词汇仍是一个较为抽象的概念,似乎有点意思可以理解,却又差点意思无法说清道明。因此,需要对上述概念进一步进行通俗化解释。

笔者认为,上述概念的本质就是调解员制定的调解协议,不仅要合理、合法,而且要得到当事人的满意和认可。而其中最重要的就是协议内容应使各方当事人的利益均达到最大化,使他们化干戈为玉帛,乐于接受调解方案并遵照执行,保障其合法权利。否则便是调解失败,或者案结事未了,导致矛盾进一步升级引发治安、刑事案件,如此便没有实现“实质调解”之目的。那么,怎样才能达到“实质调解”呢?我们先看三个历年司法部发布的人民调解工作指导案例,然后进一步解析。

二、实质调解的三个典型案例

案例一 某小区业主与某物业公司物业纠纷调解案

某小区部分业主因不满某物业公司服务，拒绝缴纳物业费，双方矛盾不断激化升级。物业公司对部分业主提起了诉讼。一审法院认为，物业公司虽然没有很好地尽到物业服务职责，但也完成了一定的物业服务，业主不可以完全拒付所有物业费，故判决业主按照原收费标准的80%交纳。二审维持原判。物业公司不服二审判决，向高级人民法院申请再审，该高级人民法院裁定由原二审中级人民法院再审。再审期间，中级人民法院将案件委托至某调委会进行调解。

解析

调解员分别邀请小区业主代表和物业公司进行座谈，详细了解双方诉求后指出，根据《物业管理条例》的相关规定，业主应当根据合同约定缴纳物业服务费，如对物业公司的服务不满意，经过法定程序，可以解聘物业公司；物业公司应当按照合同的约定提供相应服务，及时解决业主合理诉求，业主才会心甘情愿按期缴纳物业费。对此，在调解员的主持下，业主代表、物业公司共同达成以下协议：

1. 在10月10日前，业主主动向物业公司一次性补交拖欠物业费的，物业公司同意按照每平方米1元的标准收取物业费。

2. 物业公司在业主补交物业费交费率达到80%以上后，即将小区物业服务工作主动移交给社区进行代管，物业公司退出。

最终，双方当事人按约履行，纠纷得以化解。

案例二　刘某与张某损害赔偿纠纷调解案

张某帮人播种赚取劳务费。刘某请张某播种玉米，后发现玉米出苗率极低，认为系张某播种深度不足所致，要求张某赔偿相应损失，张某不予认可。双方协商无果，刘某向调委会申请调解。

解析

为确保损害原因研判的科学性，调解员邀请刘某、张某和农业专家共同前往现场开展调解工作。经过现场调查和同期同类玉米种子出苗率对比，调解员和农业专家以及双方当事人共同确定，张某对玉米种子播种深度不足是玉米种子出苗率低的主要原因。

调解员向张某指出，根据《民法典》的规定，行为人过错侵害他人民事权益造成损害的，应当承担侵权责任。张某播种过浅导致玉米种子出苗率低，存在过错，应向刘某承担损害赔偿责任。对于损害赔偿数额，调解员在咨询农业专家意见后，建议刘某综合考虑土地可以重新播种玉米、不影响秋收、化肥已产生相应效果、与张某系多年朋友不宜伤害感情等因素，降低索赔要求。经过调解员反复耐心劝说，双方达成以下调解方案：

1. 张某当场一次性向刘某支付玉米种子费 180 元和玉米播种劳务费用 120 元，共计 300 元。

2. 自双方当事人签订协议后，双方均承诺遵守该协议内容，不再为此事发生纠纷。

双方当事人握手言和，均对本次调解表示满意。

案例三　某通信公司与商户知识产权纠纷调解案

某公司对某知名品牌电话机、手机、手机配件、饰品等商品和服务拥有注册商标。因某手机维修中心等六家手机销售和维修商户在经营活动中,存在销售假冒某知名品牌注册商标的手机充电器、数据线等行为,某公司向法院提起诉讼,要求六家商户赔偿侵犯其知识产权造成的经济损失和由此产生的合理开支。六家商户均不同意某公司诉求。法院经研究,将案件移送至某知识产权调委会进行调解。

解析

调解员阅读了某公司的起诉材料,并查阅了各地法院对类似商标侵权案件的裁判文书,重点了解赔偿金额的计算标准和方法,同时与双方当事人进行了沟通。调解员向六家商户指出,根据《商标法》的规定,销售假冒他人注册商标商品的行为属于侵权行为,如无法提供证据证明自己履行了销售商注意义务并存在法定免责情形,则应承担相应的法律责任。

一方面,调解员向六家商户解释了实际损失标准、侵权所得标准、法定赔偿额、合理开支等项目的计算方法,并通过出示类案裁判文书的方式,打消了六家商户担心调解赔偿数额高于裁判赔偿数额的顾虑。另一方面,调解员建议某公司考虑六家商户的经营状况和实际收益,以及其主要目的是打击假冒产品并非获得赔偿金等因素,尽量降低赔偿要求。在调解员耐心劝导下,双方就赔偿数额达成一致意见并签订以下调解协议:

1. 六家商户各赔偿某公司经济损失及合理开支 3000 元整并当场支付。

2. 六家商户立即停止销售涉及某知名品牌商标的充电器、数据线等手机配件。

3. 某公司在收到赔偿金后立即向法院申请撤诉，并保证不再就本案提起诉讼。

经回访，纠纷双方均对调解结果表示满意。

操作提示

认真分析上述三个"实质调解"案例及其方案，笔者发现：

案例一，该调解方案之所以得以实施，主要是因为物业公司尽可能多地收到了物业费，而业主则是尽可能少地缴纳了物业费并实现了变更物业公司的诉求，调解方案实现了双方各自目的，利益得到最大化保障，最终达成了协议。

案例二，刘某在专家消除其担心秋收受到影响、化肥失效的疑虑后，其利益诉求就是种子与播种劳务费得到弥补，而张某显然已认识到自己存在过错，只是想降低自己赔偿的数额，此时调解方案使各自的利益得到保障，因此双方才能握手言和。

案例三，公司的利益诉求首先是商户停止侵权，其次是赔偿自己的损失，而小商户的利益诉求是尽可能少赔钱，调解方案使各自的利益诉求均已实现，因此对调解结果也表示满意。

从上述三个案例可以看出，优秀的或者成功的调解方案是双方当事人均认为协议的内容对自己有利，实现各自的利益最大化的方案。如果调解方案是一方获利，另一方受损或权益不能得到合法保障，调解协议往往难以达成，即使达成也会面临难以履行的情况，或者再起纠纷，不能实现案结事了之目的，便不是"实质调解"。显然，上述三个案例的调解方案达到了各方当事人均认为自己利益实现最大化的效果，实现了法理情的相统一。

当然，对利益如何理解也很重要。利益不仅包括物质利益和精神利益,还包括直接利益和间接利益。比如,有些人只需道歉便可实现精神利益的满足,物质利益反而不是首要诉求。因此,调解人员要深入了解当事人真正的利益诉求,然后围绕其利益诉求开展调解工作。

不过,实务工作中如何做到实现各方当事人利益最大化并非易事,因为绝大多数纠纷当事人不会换位思考。趋利避害乃人之本性,不能苛责。因此,调解员要站在中立的位置,直击矛盾根源,提出的方案要兼顾、平衡双方的利益诉求,甚至跳出纠纷本身与法律条条框框的规定,创造性地提出对双方均有利的方案。

小 结

本章主要围绕人民调解的四个基本理念进行了介绍和分析。这些调解理念,不仅来源于《人民调解法》规定的基本原则,也来源于国家和社会发展的实际需要。

预防理念和调解优先理念,体现了人民调解的国家地位,也是其在整个国家和社会治理体系中的基本定位。人民调解在其运作过程中,只有坚持预防理念,才能真正实现其价值和意义。

"依法调解"理念是人民调解的立足基础。在市场经济和法治背景下,无论是纠纷的当事人,还是人民调解员,都受到市场经济和法治的影响和熏陶,权利意识、法治意识普遍确立,只有顺应法治潮流,提升法治素养和水平,人民调解方能立于不败之地。相反,无视这一变化而缺乏法治意识和水平的人民调解,将不会再有用武之地。

"实质调解"是人民调解的优势和目标。只有实质性地化解当事人之间的纠纷,社会关系才能真正得到维护,社会和谐才能真正实现,也才能体现人民调解相对于司法机关等权威机构解决纠纷的优越性或优势地位。

当人民调解秉持上述理念,并将这些理念化作实际的调解行动,用各种灵活有效的形式体现出来,促成调解协议的达成,抑或为当事人的纠纷处理指出出路和方向,使那些已经形成或即将发生的矛盾纠纷得到预防或纾解,此时,人民调解就实现了其自身的价值和意义,也真正无愧其"东方之花"的盛誉。

第三章

调解技艺

调解是需要技艺的

人民调解,是人民群众自己处理民间纠纷的社会自治行为,因而,全然不能像居于庄重严肃之法庭上的法官那样,有职权可以支配引导法庭参加人员进行诉讼,也没有由法警维护的秩序井然的法庭,更不能由法官组成合议庭径行作出裁判。没有国家权力做后盾,没有法定强制力做保障,人民调解之所以能够获得持久的生命力,获得人民群众的青睐,全靠自身的"十八般武艺"。当然,这"十八般武艺"绝非歪门邪道、奇淫技巧,而是不违背情理法的灵活技艺。

人民调解过程中需要各种技艺,也产生和形成了各种技艺,除了上述原因之外,还可以从以下一些方面予以分析。

一、人民调解是一种社会性活动

这里的"社会性",除了与前述"国家性"相对外,其更重要的是其社会背景或与社会环境的关联。在不同的社会背景、社会环境下,事物会体现出各种不同的特点,人民调解正是基于其灵活性和适应性展现了生命力。复杂而多变的社会环境,导致单一化、教条主义的纠纷应对方式表现出局限性和无效性。无论是传统的人民调解,还是新时代的人民调解,都体现出其鲜明的与社会环境相适应的能力。人民调解,从其成员、组织、调解方法、语言等各个方面,都展现出其灵活性、适应性和有效性,而这些构成了可以"万用"的技艺。

二、人民调解是人际关系的处理活动

这种事关人的社会活动,必须将重心放在"人"这个特殊主体上。人具有与其他生物不同的特点,尤其是人格尊严,对财产等各种权益的依赖和重视,还有人总是处在社会关系之网中,不能脱离关系之网而孤立存在,等等。人的这些特点决定着人际关系的处理不能是随心所欲的,而必须有规则、有尺度。人民调解员要化解这些来自人际关系的矛盾纠纷,某种意义上需要有心理学、社会学、法学、语言学等各方面的知识和能力,并且能够将这些知识、能力适时转化为恰当运用的技艺,方可解决当事人之间的矛盾冲突。

三、人民调解是矛盾纠纷的化解活动

人民调解与其他纠纷解决主体一样,面对的是已经激化了的社会人际关系,是纠纷、矛盾和冲突。这种已经非常态的人际关系处理,不能混沌糊涂、"和稀泥",否则很难案结事了,彻底地、实质性地化解矛盾冲突。为此,人民调解员需要具备一定的是非观念,能够公正、合理、合法地分清其中的是非曲直,并在此基础上厘清关系,找到纠纷解决之道。这也是人民调解的技艺,一种恪守是非公正的调解技艺。

第一节

调解员应具备的基本素养

案例

“中学时，我看到的一起民转刑案件，它让我的职业生涯选择有了改变。当时我老家有两户人家因建房产生了纠纷，但一直没人给他们去化解，结果弱势的那一方忍无可忍，最终持刀入户连续砍杀，造成了严重后果。当时，我记得是在学校的操场上进行公开审判的，法官宣判死刑立即执行后，天空突然下起了雨。

这时，人群中挤出一位妇女，她两只手都牵着小孩，背上还背着一个，这是罪犯的妻子。她挤到囚车旁边，三个孩子也跟她一起哭成一片。我当时看得真的非常难受。我就在想，如果我能够为这些矛盾纠纷的发生、预防做一些有意义的事情，就太好了。所以，我在高考的时候就选择了法学，这么多年来我一直在用这份情怀做调解工作，我觉得我在实现当时的初衷。”

解析

全国模范人民调解员郑淑娟在接受记者采访时就她“为何放弃报考美术院校选择了法学，最终走上了调解工作之路”作了以上回答。

相信郑淑娟的调解初心，也是不少人民调解员的初心。正是这样的初心与使命感，才使调解员在工作中动力十足，即使遇到困难挫折，也可甘之如饴、迎难而上。然而，调解工作的内容多是鸡毛蒜皮的小事，从事基层调解工作或许一生都只能默默无闻，鲜有机会成为公知人物。但是，如果心有调解情怀，能通过自己的力量解决纠纷，切实将可能“民转刑、刑转命”的纠纷扼杀在萌芽状态，那么笔者相信，在看到纠纷双方当事人握手言和并向调解员致谢之时，调解员心中不仅充满了成就感和正义感，使命感和责任感也会爆棚。当然，纠纷若要得到妥善化解，是需要多方合力才能实现的目标。而这些合力中，调解员的作用是最不可或缺的一环。

操作提示

一、热爱调解工作

衡量一个调解员是否热爱调解工作，一个重要的标准就是其对这项工作是否有成就感。绝大多数人民调解员调解的纠纷都是些家长里短、邻里纠纷的琐事，如果对这项工作没有热情，调解员便会在“三分钟热度”之后感到厌倦与反感，继而会影响后续调解。而热爱调解工作的人，即使明知会长期与鸡毛蒜皮的小事奋战，也会在调解成功时由衷地引以为傲。正如全国模范人民调解员于文艳所说，“每当我看到当事人吵吵闹闹走进调解室，经过我的调解，他们平息了愤怒、化解了纠纷，还能握手言和，我的内心也是充满了成就感”。

二、公道正派的品格

正确的价值观、积极的人生态度、不私不偏,是对人民调解员最基本的素质要求。以笔者多年的调解经历来看,调解员在调解时一旦建构了公道正派的形象,便掌握了调解工作的“指挥棒”,即使对当事人批评几句,也不会招致反感和质疑,使当事人信服;同时,也足以对当事人提起的不合理诉求敢于说“不”而不怕被误解。正如于文艳用三个“心”字总结的人民调解工作,其中第一个“心”便是公正心。她说:“作为一名人民调解员,我们从事调解工作的前提是要公平、公正、合理、合法,这样才能不辜负每一个当事人对我们的信任。”全国模范人民调解员曹海刚也说:“第一颗心是公心,我们人民调解员在调解工作当中,一定要多调查研究,多尊重事实,公平公正地去为调解申请人解决纠纷。”

三、丰富的社会阅历

与司法判决不同的是,调解多是在不违反法律法规强制性规定的情况下,根据不同的案例具体问题具体分析,创造性地提出解决实际问题的调解方案,这就需要调解员拥有洞悉当事人性格、诉求、人情世故的能力,也要具有认识到涉及第三方当事人间接利益的全局意识。只有以扎实的理论知识储备和丰富的社会阅历为基础,才能有强大的控场能力,松弛有度把握调解节奏,也能在面对当事人不同诉求时举重若轻,大大提高调解成功的概率。当然,丰富的社会阅历在一定程度上会与调解员的年龄、工作经验成正比,但实践证明,年轻调解员在短短数年的调解工作中就能积累经验从而游刃有余开展工作的也不在少数,因此两者并不绝对挂钩。

四、拥有基本的法律知识

调解员给出的调解方案不仅需要以法律为依据，也要以常理做支撑。在面对当事人质疑时，切不可避重就轻回避矛盾本身，也不可心不在焉顾左右而言他，否则当事人就会觉得自己的利益无法得到保障而失去对调解员的信任。失去信任，调解工作将寸步难行。法律的背后是政治、经济、文化与社会，是人情世故，调解人员只有掌握基本的法律知识，才能迅速抓住纠纷背后的本质问题，找到解决问题的对策。因此，拥有基本的法律知识，也是优秀人民调解员的基本功。

五、良好的沟通协调能力

多数纠纷，只要能把握好当事人双方的诉求，进而提出合理的调解方案就能把纠纷很好地予以化解。但在实务工作中发现，无论调解员的调解能力多么强大，一定会有一些纠纷是调解员无法解决的。此时，就需要调解员邀请当事人的亲属、邻里、同事等参与调解，也可以邀请具有专门知识、特定经验的人员或者有关社会组织的人员参与调解，甚至在必要的时候还可以发动政府的相关行政部门参与到调解工作中。众所周知，一旦多人参与到调解工作中，就需要将各自的长处发挥出来，否则容易事与愿违，引起当事人的更多不满。因此，想让这些力量集中起来发挥最大的优势，就需要调解员拥有较好的沟通协调能力。

第二节

调解纠纷应掌握的几个核心步骤

作为一名调解员,在接到一起纠纷后,往往千头万绪不知从何处着手。那么,如何抽丝剥茧提纲挈领,迅速找到矛盾源头,对症下药高效化解纠纷,是每一个调解员尤其是新手最困惑的问题。对此,笔者以案例入手,并在此基础上提炼总结民间纠纷调解工作应掌握的核心步骤。

案例

沈某与卖家约定手机退货到位后退款,委托速运公司快递该手机。手机卖家验收时发现送达的并非交易手机,而是一台旧手机,便以"未收到特定物"为由拒收并拒绝向沈某退款。沈某联系该公司,得知是公司内部人员私自更换了包裹内手机,遂提起民事诉讼,要求速运公司赔偿手机费用、交通费、误工费等共计7800元。征得双方当事人同意后,法院将该案委派给调委会组织调解。

解析

调解员了解到,双方当事人对托运手机丢失一事无异议,但对赔偿金额分歧较大。沈某称,手机是交由该公司取件员当面验货并拍照后被取走的,现其公司内部原因导致手机被调换,使自己无法完成退货并遭受损失,故应由速运公司赔偿手机原价5800元,以及因本次纠纷产生的额外支出2000元。速运公司提出,沈某在寄送贵重物品时未进行保价,应对物品丢失承担一定责任,对于未保价快件,应当按照行业惯例在7倍运费限额内进行赔偿。

调解员了解到双方主要存在两个争议焦点:一是对物品丢失谁应承担责任;二是赔偿的具体数额。据此,针对争议焦点,调解员提出法律指导意见。关于责任承担问题,《民法典》第八百三十二条规定"承运人对运输过程中货物的毁损、灭失承担赔偿责任"。本案中,沈某在取件员面前验货并拍照存证,且按约定支付快递费用,履行了自己的付款义务。而速运公司在快件寄送过程中管理存在疏漏,导致物品被调换,应当承担赔偿责任。速运公司负责人承认其公司的管理存在疏漏,也对本次调换事件的发生表示歉意,但是不同意沈某提出的赔偿金额。

速运公司负责人指出,根据《邮政法》相关规定,未保价的快件丢失最高赔偿额不超过3倍运费,而现在公司提出按照赔偿7倍运费的行业惯例来执行已经超出了法律规定的范围。对于速运公司负责人的这一主张,调解员指出,依据《邮政法》第四十七条第一款第二项:"(二)未保价的给据邮件丢失、损毁或者内件短少的,按照实际损失赔偿,但最高赔偿额不超过所收取资费的三倍……"该条款的适用范围为邮政普遍服务业务中的"给据邮件",而本案中速运公司提供的是快递业务而非邮政业务,并不适用该法条。本案的纠纷应当适用《民法典》等相关规定。

同时，调解员还指出，速运公司负责人提出的行业习惯在适用上也有一定的限定范围。最高人民法院《关于适用〈中华人民共和国民法典〉合同编通则若干问题的解释》第二条规定："下列情形，不违反法律、行政法规的强制性规定且不违背公序良俗的，人民法院可以认定为民法典所称的'交易习惯'：(一)当事人之间在交易活动中的惯常做法；(二)在交易行为当地或者某一领域、某一行业通常采用并为交易对方订立合同时所知道或者应当知道的做法。对于交易习惯，由提出主张的当事人一方承担举证责任。"可见，速运公司提出适用的交易习惯，沈某必须事先知悉，而事实上沈某事先并不知情，所以速运公司并不能仅仅按照7倍运费的交易习惯赔偿。

听完调解员的解释，速运公司负责人表示愿意配合调解。对于沈某的主张，调解员提出，《民法典》第八百三十三条规定："货物的毁损、灭失的赔偿额，当事人有约定的，按照其约定；没有约定或者约定不明确，依据本法第五百一十条的规定仍不能确定的，按照交付或者应当交付时货物到达地的市场价格计算……"根据案件事实，沈某作为受害者理应获得赔偿，但是根据法律规定其应当承担举证责任，证明货物的市场价格，进而要求赔偿。如沈某难以举证，希望沈某能退一步，积极参与调解，沈某表示同意放弃部分赔偿要求。最终，双方面对面坐在一起，在调解员的调和下，双方签订了调解协议书，内容如下：

1. 速运公司当场赔付沈某5000元。

2. 此案就此结束，双方均不再通过其他任何途径进行追究。

在调解员的帮助下，双方共同向法院申请了司法确认。对于调解结果，双方当事人均表示满意。

操作提示

一、查明事实,分清是非

查明事实,是指调解员根据双方的陈述与提供的证据所掌握的纠纷基本概况。分清是非,是指调解员根据掌握的事实公正地划分双方当事人在纠纷中应负的责任。查明事实是前提,分清是非是目的。因此,调解人员要通过当事人陈述或相应的证据将双方纠纷的事实掌握清楚,在此基础之上划分的责任才能让当事人信服,自己心中有数,进而进行有效的利益衡量,提高调解成功率。如本案中,卖家收到被调包的手机,经核实确系速运公司内部人员调换,双方便对责任承担达成一致意见并无异议了。

二、摸清当事人诉求,总结争议焦点

在基本事实明确以后,调解员要摸清当事人的诉求。很多当事人往往不清楚自己的真实诉求,或不愿言说,或背离实际。此时,调解员就需要在交流沟通过程中洞悉当事人的真实想法,抓住重点逐步厘清诉求脉络,替当事人明确合情合理的诉求目标。本案中,买家主张 7800 元赔偿,而速运公司则意欲在 7 倍运费限额内进行赔偿,两者虽对赔偿款的分歧比较大,但各方诉求非常明确,这就已经为解决问题奠定了良好的基础。

三、锁定法律依据,明确调解方向

在当事人诉求明确但争议标的额较大的情况下,为了调解工作的顺利开展,调解员需要以相关法律法规为依据,指出双方诉求的合理或不合理之处,让当事人知晓诉求不被支持的原因和法

律依据。如本案中，调解员通过《民法典》与《邮政法》的相关规定锁定当事人诉求范围，使不合理诉求失去法律支撑，当事人才能心服口服。但法律依据只是给调解员如何解决纠纷指明了方向，提供重要的参考，并不代表纠纷的调解需要按照法律规定来严格执行，否则就是司法判决。当然，最终的调解协议可以不按照法律规定执行，但也不能违反法律、行政法规的强制性规定，不能违背公序良俗，更不能损害到国家利益、社会公共利益。

四、调解方法合适，表述恰当

在基本事实、诉求争议、法律依据都确定以后，就要采用适当的方法开展纠纷调解了。方法如同解决问题的钥匙，若得当则事半功倍，否则便适得其反。经验丰富的调解员会根据案件情况、当事人性格、情绪和心态、事发当时环境等各个因素掌控全局，通过微妙的差异择言而出，在细微处彰显乾坤，四两拨千斤，纠纷将迎刃而解。反之，调解员若经验不足，不仅会久攻不破，还可能使当事人将矛头转向自己。本案中，调解员接到案件后，立即安排双方面对面了解案情实际，又背靠背指出双方的不合理之处，再面对面调解解决问题。至于采取何种方式表达，只要意思到位，当事人可以接受，则并非重点。

五、逐步缩小范围，诉求达成一致

实务工作中，多数调解方案并非"一口价"就能解决的，需要经过多次讨价还价，促使一方逐步降低自己的预期，同时让另一方突破自己不切实际的底线，在来回的拉锯过程中缩小目标差距。调解员也要适时给当事人加压，让当事人知道诉讼不仅成本高，或许还不能达到目前所要求的金额，这"临门一脚"也是非常考验调解员水平的，若是踢得不好，很有可能前功尽弃。只要双方当事人在权衡中达到了自己利益最大化的目标,协议的达成便可水到渠成。本案中,7800 元与 7 倍邮费之间的差距逐步缩小,最终达成了双方当事人均表示满意的方案,调解成功。

第三节

七种方法组合调解邻里纠纷

是否运用调解方法是调解员能否成功调解纠纷的关键所在，方法得当则事半功倍，否则便适得其反，甚至引火烧身。因此，对于经验不足的调解员而言，结合自己的案例，学习借鉴他人成功的调解方法显得尤为重要。对此，笔者通过一起成功的调解案例对调解方法进行总结点评，供大家参考。

案例

某日，包括李某在内的12名村民到镇调委会要求调解他们与同村村民肖某间的矛盾。李某等诉称，肖某的宅基地位于村道路的路口，其却在很窄的公用道路上砌了10米长的石墙，阻碍了李某等12名村民的出行。为此，李某等人与肖某理论，肖某不但不听劝解，还拿出了铁锹追打在场人员。12名村民气不过，遂到镇调委会要求调解。

解析

调委会指派调解员展开调查。调解员随即到肖某处了解详细情况。在提及李某等12名村民所反映的问题时，肖某愤怒不已，声称多年来深受李某等村民欺负，为了避免与对方发生矛盾方才砌墙，欲以此减少与对方的接触，此次绝不退让。调解员见肖某情绪激动便暂停调解，约定数日后再行处置，肖某答应。

数日后，调解员邀请了德高望重的村主任一同前往现场参与调解工作。此次，调解员并未急于求证李某等人所反映情况的真实性，而是站在肖某的立场分析问题，肯定了其为维权所做的努力，并对肖某多年积压的内心苦闷表示同情与理解。见肖某情绪已有所缓解，调解员适时指出，无论出于何种目的，封堵村里的公共道路都是违法行为。同时，调解员拿出早期的村落图及 1985 年 5 月肖某与多家住户就巷道纠纷达成的协议书，告知肖某占用公共通道既违反法律，也违反约定。如果肖某一意孤行，即使走上法庭，肖某最终也会依法承担相应的法律责任。

在调解员摆事实、讲道理之后，肖某表示愿意拆除石墙，但要李某等赔偿他为砌墙所支出的材料费及人工费等。对于肖某的主张，调解员根据《民法典》第二百八十八条“不动产的相邻权利人应当按照有利生产、方便生活、团结互助、公平合理的原则，正确处理相邻关系”与第二百九十二条“不动产权利人因建造、修缮建筑物以及铺设电线、电缆、水管、暖气和燃气管线等必须利用相邻土地、建筑物的，该土地、建筑物的权利人应当提供必要的便利”之规定，告知肖某给相邻方造成妨碍或者损失的，应当停止侵害，排除妨碍，赔偿损失。肖某行为违反上述法律规定，应当依法承担停止侵害、排除妨碍、赔偿损失等的民事责任。

最后，肖某态度有所松动，村主任便从邻里感情上劝说双方不能为此事导致以后产生矛盾。肖某终于同意无偿拆除石墙，排除障碍、恢复通道，但表示单独拆除石墙难度过大，还需村里助力。

针对肖某的积极态度和思想顾虑，调解员同李某等 12 位村民进行了协商，让他们换位思考，正视肖某一人无法拆除石墙的难处，虽然是肖某造成的后果，但毕竟是邻里关系，日后还要相处，希望对方作出让步和谅解。同时，调解员就邻里之间为何造成今天这样的问题，召集大家进行了分析和讨论，并从团结互睦的角度，进行了宣传教育，也让大家在今后的生产生活中，不要刻意孤立肖某，邻里之间不要积压过多的怨恨。经过多次的协商沟通，12 位村民终于同意了纠纷的解决方案。经调解，双方当事人就拆除石墙事宜自愿达成了和解协议：

1. 肖某同意拆除石墙，排除障碍、恢复通道。

2. 李某等 12 位村民共同参与石墙的拆除工作，肖某自负损失，参与拆除石墙的村民也不得主张任何费用和报酬。

几日后，调解员对案件进行了回访，双方当事人已经完成了和解协议中的事项，双方都很满意，邻里之间终于和谐共处。

操作提示

一、现场调解法

现场调解法，是指调解人员亲自到纠纷发生的现场了解纠纷的前因后果，掌握第一手信息、证据后，组织当事人在现场调解纠纷，现场解决问题的方法。该种方法可以避免坐而论道、纸上谈兵，能有效地提出接地气的调解方案，起到令当事人心服口服的效果。对宅基地、引水、通行、铺设电线水管暖气、噪声扰民等相邻关系纠纷，建议采用现场调解法。本案中，调解员在受理本案后便立即去了现场，很快就对纠纷的真实情况作了全面的掌握，为再次去现场并为最终提出解决纠纷的对策奠定了扎实有效的基础，是本案最终能调解成功关键的一环。

二、冷处理法

冷处理法，又称拖延法，是指调解人员在当事人情绪激动，常规调解办法不能奏效的情况下，调解员不急于调解，而是待当事人心平气和并逐步认识到自己的过错后，再抓住有利时机及时进行调解，这样往往能起到事半功倍的效果。本案中，调解员见肖某情绪激动，一时半会不会有好的调解效果，甚至会适得其反，于是暂停调解，并与肖某约定几日后再处理此事，给肖某留下反省的时间，采用的便是冷处理法。事实证明，此法起到了预期的效果。

三、热处理法

热处理法是指调解人员在案情较为简单，双方对权利义务的归属分歧较少的时候，趁热打铁，一举将矛盾化解。实务工作中，多数纠纷案情都比较简单，多数当事人也通情达理，因此该法也适合多数纠纷。本案中，调解人员在第二次调解过程中，见到肖某态度开始有所松动，便“快刀斩乱麻”，采用该法及时将双方间的纠纷化解，也节约了人民调解的精力。

四、权威劝说法

权威劝说法，是指调解人员自己一时难以找到解决问题的办法，就寻求当地有威望的人物，利用其威信与人格，促使非理性的当事人转变态度配合调解，或降低当事人不合理预期，促使双方达成协议，以达到调解目的。本案中的调解员，邀请了德高望重的村主任一道来到现场参与调解工作，就是使用了这一招。最后，村主任不负众望，协助调解人员一举解决了上述纠纷，便是采用了权威劝说法。

五、利弊分析法

利弊分析法，是指当事人在面对纠纷时，其思想往往具有局限性和片面性，只考虑对自己有利的一面，或仅仅抓住对方不利的一面，从而不肯妥协让步，调解员为当事人全面分析调解方案的利弊，从而引导当事人作出理性的选择。本案中，调解员告知肖某占用公共通道既违反法律，也违反约定，如果肖某一意孤行，即使走上法庭，肖某最终也会依法承担相应的法律责任，便是使用了利弊分析法，为肖某接受调解起到了心理上的暗示作用。

六、褒扬激励法

褒扬激励法，是指调解人员对纠纷当事人本身所具有的优点、长处及正确做法及时肯定，再适当指出其错误之处，起到调动当事人积极性的作用，促使当事人配合调解工作，与对方达成协议。本案中，调解人员肯定了肖某为维权所做的努力，对于肖某多年积压在内心的苦闷表示理解和同情，便是使用该法，最终在该法的作用下，使肖某放下对抗的心理，愿意理性地解决纠纷。

七、上下台阶法

上下台阶法，是指对于自尊心很强的一方或双方事人，调解员为其营造一个上下台阶的氛围，放下面子，放下身段，作出适当让步，促成调解成功。本案中，调解员让李某等 12 位村民共同拆除石墙，参与拆除石墙的村民也不得主张任何费用和报酬便是使用了该法。该法的使用不仅解决了肖某的面子问题，还促进了邻里之间的和谐,实现了人民调解的最终目的,案结事了。

上述案例中,人民调解员灵活组合 7 种调解方法,成功化解了这起有着历史恩怨的邻里纠纷,避免了矛盾的进一步升级,起到了良好的社会效果。

第四节

联合六种方法调解侵权纠纷

上文中，笔者介绍了7种常见的调解方法，本节将继续通过另外一则侵权案例介绍其他常见的调解方法，供大家参考。

案例

某日，张某到某超市购物，在走上楼梯伸手拨开超市门帘时因站立不稳不慎摔倒，导致肋骨骨裂。双方就赔偿事宜多次协商都没能达成共识，随后到超市所在街道调委会申请调解。

解析

调委会受理该纠纷后，调解员第一时间实地查看张某摔伤现场，同时调看监控，然后分别联系双方询问具体情况。经过调查了解，调解员对纠纷产生的原因以及双方诉求逐渐清晰。

调解室里，张某及家属认为，张某虽然已经90岁，但是平时身体很好，生活可以自理，常独自外出。事发当天，张某前往超市购物已然上了楼梯，在伸手掀开超市门帘时目睹超市内部顾客较多，便准备离开。其摔倒的主因系当时地面湿滑，而超市未及时打扫，且门口也未安装扶手，因此超市要承担赔偿责任。

隔壁调解室里，超市老板李某认为，当日天气晴朗没有雨雪，超市没必要设置防滑垫，且门口一直张贴防滑提示牌，超市已尽到了安全提示义务。张某系 90 岁高龄老人，独自出门本就存在风险，身边又无人陪护，是其子女未尽到监护照顾义务，且张某并非在超市内部摔倒，也不是被超市里的顾客挤倒，超市只能出于人道主义，给予一定抚慰金。

双方态度坚决，互不相让，调解陷入僵持。针对双方各执己见的立场，调解员对双方耐心普法，分析有关法律规定。调解员告知张某及其家人，《民法典》第一千一百七十三条规定："被侵权人对同一损害的发生或者扩大有过错的，可以减轻侵权人的责任。"张某作为具有完全民事行为能力的成年人，理应对自己的安全具有审慎注意义务，张某对路面情况观察不够，对事故的发生有一定的责任。作为高龄老人，独自出门时为保证安全最好要有家人陪同，其家人的疏忽大意也是此次意外发生的原因之一。

调解员也在另一边做李某工作，《民法典》第一千一百九十八条第一款规定："宾馆、商场、银行、车站、机场、体育场馆、娱乐场所等经营场所、公共场所的经营者、管理者或者群众性活动的组织者，未尽到安全保障义务，造成他人损害的，应当承担侵权责任。"调解员结合先前实地查看了解的情况指出，超市张贴的防滑告示牌位置不佳且被杂物遮挡，不易被顾客注意到，且超市也未考虑到文盲或半文盲顾客不认识告示牌的情况，没有采取多种方式提醒顾客。

此外，楼梯虽在超市门外，但监控显示，张某在超市门口的楼梯处摔倒受伤，该楼梯为顾客进出超市提供了便利，超市亦从中受益，虽然楼梯位于门外，但仍属于超市的经营场所，因此，超市应对该区域进行合理范围内的管理。门口楼梯因人员往来众多，卸货搬运导致地面湿滑，故张某的受伤与地面湿滑存在一定的因果关系，超市存在过错，应承担一定的赔偿责任。

经过普法说理，双方态度有所松动，但调解员认为单纯讲解法条过于刻板，此时并非最佳调解时机，遂又拿出类案的判决书供双方参考，见双方态度进一步松动，调解员便想到加点情感催化剂为调解助助力。在征得张某家人同意后，调解员邀请李某一起来到张家，一方面对张某进行慰问，另一方面加强双方的相互理解，促进矛盾的化解。

李某看到90岁高龄的张某躺在床上，骨裂虽已得到及时治疗，正在恢复中，但因其年事已高，此次意外还是给身体带来很大痛苦，家人也为护理他付出了很大辛劳。此时，李某情感上受到震动，当即向张某表示歉意。调解员抓住时机进一步做李某工作，希望其换位思考。李某表示感同身受，当即表态不再强调其他理由，愿意承担全部责任，赔付老人的所有治疗、营养等费用，而且要加强超市的安全保障工作，采取措施更好地保障每一位顾客的人身安全。

看到李某诚恳的表态，调解员又不失时机地做张某子女的工作，希望他们也能作出让步。张某及其子女表示，是超市初期回避责任的态度令人感觉冤屈，现对方既已有态度，愿意接受超市老板道歉，张某子女也意识到了没能照顾好张某存在的过错，提出超市只需要赔付治疗费用即可。经过双方当面交流，终于相互理解，握手言和，签订了协议书：

1. 李某赔偿张某5000元，此款项包括张某因这次摔倒产生的医疗、护理、休养、后期复查相关费用。

2. 双方之间就此事再无其他争议。

李某现场将5000元交与张某,此纠纷得以圆满解决。

操作提示

一、背靠背调解法

背靠背调解法,是指调解人员在调解纠纷时,为了避免当事人情绪激动,使调解工作陷入僵局,逐一找当事人谈话沟通,了解诉求,然后再说服双方不断让步妥协,从而促成调解的方法。本案中,调解员见双方当事人分歧较大,将他们分至两个调解室便是采用了上述方法,该法不仅避免了双方情绪上的对抗,又了解了双方的诉求与底线,为调解员开展后续的工作找准了方向。

二、面对面调解法

面对面调解法,是指调解人员在调解时,以当事人的稳定情绪和诉求范围可协商为基础,让纠纷当事人当面摆事实、讲道理,直至达成协议的调解方法。本案中,调解人员见双方情绪趋于稳定、分歧逐步缩小的时候,便采用了面对面的调解法,让双方坐下来直接商量解决问题的方案,提高了调解的效率。

三、明法析理法

明法析理法,是指调解人员在调解过程中向当事人讲解法律法规和政策规定,纠正他们的错误观点,促使当事人放弃既不合法又不合理的诉求,理性与对方达成协议的方法。本案中,调解人员便采用了此法,不仅向双方指明了各自在法律上的过错,还向双方讲清了各自应当承担责任的原因,兼顾了法律道理感情的统一,使双方心服口服。

四、情感触动法

情感触动法，是指调解员在调解过程中要善于捕捉细节，在关键时候利用亲情、友情打动当事人促成和解的方法，通俗点说就是打“感情牌”。该法常见用于邻里、同事、朋友、家庭、婚姻等纠纷的解决。本案调解员邀请李某去张某家，李某看到 90 多岁高龄的张某躺在床上，情感上受到震动，当即向张某表示歉意，便是调解员采用情感触动法收到的效果。

五、换位思考法

换位思考法，是指调解人员引导双方当事人转换角色，换位思考，使其在考虑个人利益的同时，也要替对方利益着想，然后因势利导进行调解，达到实质化解纠纷的目的。本案中，调解员抓住时机进一步做李某工作，希望其换位思考，如果张某是自己父母，却因超市管理疏漏造成伤痛，作为子女会作何感受。李某表示感同身受，当即表态不再强调其他理由，愿意承担责任，便是换位思考法取得的良效。

六、以案释法法

以案释法法，是指在当事人不懂法又不放心调解员的调解方案时，调解人员拿出以往类似的调解或判决案例，使当事人有了参照，心中有数，放弃不合理的诉求达到调解目的的方法。本案中，调解员认为单纯讲解法条过于刻板，又拿出了类似案例的判决书供双方参考便采用了该法。该法使双方当事人态度又进一步开始松动，为调解最终成功奠定关键的一环。

实务工作中，除了上述一些方法外，还有民主评议法、模糊处理法、舆论压力法、多部门协助调解法等。在调解过程中，具体采用哪种方法，还是组合采用多种方法，还需要调解员根据案情、当事人、环境的不同灵活采用适宜的方法，切忌刻舟求剑。

第五节

“六尺巷”，其实就是本“利益账”

案例

清朝康熙时期，出身于安徽桐城的宰相张英回乡探母，颇觉老宅破败，亟待修葺，遂着人安排，后返京城。无独有偶，其邻吴家亦谋扩屋。然张吴两宅之间有一方土地因年代久远，无从考证此地归何人所有，双方皆欲争之，不相上下，数次几欲动武，乃求告县衙。

因吴家亦系名门，县官难了此案，张母便修书求援。张英看罢来信，赋诗一首：“千里修书只为墙，让他三尺又何妨？万里长城今犹在，不见当年秦始皇。”张家目睹回信，顿悟，遂让地三尺，吴家闻之羞愧，亦让地三尺。这就是著名的“三尺巷”的故事，也称“六尺巷”，后人以此为美德，教育后代。

解析

“六尺巷”之所以成为脍炙人口的典故，影响和教育着一代又一代的人，主要弘扬的是中华民族引以为豪的“谦让”美德。但反观张吴两家都想通过其他手段达到自我目的，又反映出“谦让”的稀缺。其实，这就是一起平常的邻里纠纷，从古至今从未消失过，且如今的矛盾争议焦点也越发趋于多元化，而绝大多数人都很难率先做到“谦让”。因此，纠纷的成功化解，很大程度上得益于至少一方当事人的主动让步，或是调解人员说服一方作出妥协。只是要当事人作出让步或妥协并觉得值得，就需要调解员给当事人算清4笔账。

操作提示

一、心理账

是否拥有健康的心理状态是一个人能否专心学习、认真工作、快乐生活的基础。如果与人发生了矛盾，便会产生不良情绪，特别是争议较大或可导致自己财产受损、人身自由受限的纠纷，更易使人产生烦躁、焦虑的心理。

笔者曾处理多起纠纷，那些纠纷案情简单，一目了然，甚至当事人自己也能预判到结果走向，但他们就喜欢四处找人脉托关系，希望处理结果符合自己的预期，更别说那些自知理亏的人。鉴于此，调解人就要善于捕捉当事人的表情和内心的细微变化，及时给当事人算清“心理账”，分析他们在纠纷发生以后产生的心理负担，再将如不愿和解可能产生的不利后果及衍生的二次心理压力带来的不良影响告知当事人，力争使当事人一方或双方尽早妥协，达成协议。

二、感情账

马克思说，社会属性是人和动物的根本区别。说明了人与人之间是需要交往的，而人际交往往往建立在情感的基础上。根据历年《中国法律年鉴》对人民调解委员会受理的民间纠纷和人民法院受理的民事纠纷类别统计，婚姻家庭、继承、房屋宅基地、邻里纠纷始终居高不下，数量占据纠纷总量的半壁江山。其共同特征是当事人系亲戚、邻居等熟人或亲属，双方之间有感情基础，甚至是祖上数代人长期建立的，一旦因纠纷而感情破裂，双方精神损失的代价也颇为惨痛。

因此，调解员要及时给当事人算笔“感情账”，使他们尽早意识到诉讼判决将会导致熟人之间反目成仇形同陌路，后期无法收场，即便日后双方均有意挽回，也终究破镜难圆。而双方若各退一步便能海阔天空。其实很多当事人在矛盾事发之时，皆因一时冲动，待冷静以后已然悔不当初。

三、后果账

如果当事人之间并非熟人，并无感情基础，那么他们就不会存在相关感情的心理负担，此时便可以为他们算一笔“后果账”。“后果账”既有“直接账”，也有“间接账”。根据历年《中国法律年鉴》对全国公安机关治安案件分类的统计，殴打他人案件一直位居榜首，数量巨大。殴打他人并非无故产生，多数由鸡毛蒜皮的民间纠纷引发。而这些处于萌芽阶段的纠纷，如果得不到妥善的处理，极有可能升级成治安或刑事案件，甚至不排除群体性事件发生的可能性，这笔“间接账”必须得让当事人明确。此外，若是治安和刑事案件调解失败，则必须按照法律相关程序处理，其“直接账”包括限制人身自由、降低社会声誉，也会关乎当前工作、未来前程，甚至对直系亲属的就业也有影响。

鉴于此，针对民间民事纠纷，通过“间接账”可劝说当事人作出妥协，及时和对方达成协议，以免矛盾激化升级；若纠纷本系治安、刑事纠纷，则告知当事人勿意气用事，以免毁了自己，害了别人。

四、利益账

“天下熙熙，皆为利来；天下攘攘，皆为利往。”司马迁一语道破人际交往最本质的东西：利益。人结交朋友的目的多是因为能互惠互利，产生共赢，即便不是，至少也有潜在的利益需求。而利益又是一把双刃剑，若是背道而驰便会产生矛盾纠纷。因此，如果当事人在一起纠纷中，并无心理压力，与对方也没有感情，更不怕产生直接或间接后果，那么使一方放弃自己利益向对方妥协，算清上述3笔账或许并不能奏效。此刻，符合自己的利益期待才是妥协的前提，也是平息纠纷的关键。

那么，纠纷调解人可从精神利益、物质利益等各方面为当事人算一笔“利益账”。在物质利益方面，如当事人执意诉讼接受判决，需要支付律师费、差旅费、执行费等，不仅耗费时间和精力，还有败诉的风险。并且即便赢得官司，也未必能达到自己的预期目的。而针对“六尺巷”的类案，双方均为名门望族，更注重“面子”类的精神利益。笔者相信，理智的当事人经过一笔“利益账”的权衡后一定能够作出最符合自己利益的选择。

第六节

算清"利益账",高效调解工亡纠纷

案例

李某系某公司员工,工作期间发生意外,经抢救无效死亡。事故发生后,包括李某之妻周某在内的亲属十余人赶到事发地,要求公司赔偿。公司方没有明确回应,周某等人情绪激动,遂转至企业讨要说法。双方代表私下多次协商,却无实质进展。无奈之下,周某到镇调委会申请调解。

解析

调解员了解到,李某在公司多年,公司虽与之签订了劳动合同,却并没有为其购买社会保险。事故发生时为工作时间,事发地在工作单位内,系工亡赔偿纠纷。死者家属 14 人到场参与调解,企业方则委托了律师。一开始,周某等人情绪十分激动,认为企业方故意回避家属,逃避责任;企业方代表则认为家属围堵生产车间,影响了正常生产经营。

周某认为企业未给死者购买工伤保险,存在过错和责任,要求赔偿 200 万元,但企业方只愿赔偿 80 万元,双方就赔偿金额僵持不下。此时,家属认为企业在拖延时间,并无诚意,为此扬言要拉横幅围堵工厂以维权。见双方各执己见，调解员预测“面对面”调解效果不佳，遂决定暂停调解。

首次调解中，调解员发现双方分歧较大，而且死者是农民工，家属周某的法律知识不足，语言表达能力较差，不利于面对面调解，但同行家属中，死者的叔叔李甲有一定的法律知识，可以起到桥梁的作用，适合用“背靠背”方式调解。另外，企业方派律师到场，使家属认为企业方有意回避，没有诚意，因此，调解员联系了企业方人事主管陈某作为代表参与调解。

在第二次调解中，调解员先与陈某面谈。陈某表示，赔偿100万元在法律规定范围内，是可接受的，但是超出法律规定范围的赔偿金额，企业不会赔偿。有了企业方的表态后，调解员又找到了周某，同时又邀请了死者的叔叔李甲一同商谈。通过对《工伤保险条例》的讲解，调解员向当事人解释了员工因公死亡的赔偿责任主体、赔偿项目和赔偿标准。在调解员耐心讲解下，周某等人同意下调赔偿金额至120万元。但是企业方认为家属诉求依然过高，尽管双方都已有了较大让步，第二次调解仍然未能达成一致意见。

调解员找到企业负责人陈某，通过说明利害关系，劝说企业方在赔偿问题上既要合法合理，又要情法结合。如果协商不成，将会指引家属走劳动仲裁程序，时间较长，同时工厂也要支付律师费用，且长时间的仲裁程序，也不利于工厂的正常生产经营，还将影响企业的形象和名誉。最终，陈某同意，只要家属保证收到赔偿后不再影响企业的经营，愿意赔偿110万元。调解员将具体情况再次与家属方沟通，从时间和金钱的消耗方面劝说，最终周某等人同意与企业签订调解协议：

1. 企业方一次性支付死者家属各项赔偿共计110万元。

2. 家属周某等人收到赔偿后不再影响企业的经营。

双方均满意，于是案结事了。

操作提示

上述纠纷为典型的工亡赔偿纠纷。实务工作中表明，无论是劳动争议纠纷，还是侵权纠纷、合同纠纷和相邻纠纷，绝大多数当事人最关心的问题是获得更多的物质利益。

“天下熙熙，皆为利来；天下攘攘，皆为利往。”一旦悟透了司马迁一语道尽的人性根本，就掌握了纠纷症结的本质所在。换言之，调解工作就是调解人员居中摸清当事人各自的利益诉求，支持他们合法合理的诉求，打消他们不切实际的无理要求，然后给当事人算清“利益账”，待他们盘算下来发现调解方案能满足自己的利益需求，或在可能的情况下利益已实现最大化的时候，调解就成功了一大半。

本案中，调解员分别为企业方和员工方算了账，让企业方明白双方协商不成，将会指引家属走劳动仲裁程序，工厂也要支付律师费用，且长时间的仲裁程序，也不利于工厂的正常生产经营，还将影响企业的形象和名誉，这些不仅造成企业方物质利益的损失，还有间接利益的损失，因此从利益的角度看打官司对他们是不划算的。

同时，调解员也让家属方明白，如果协商不成，一行多人在人生地不熟的地方，纠纷一直僵持下去，无论是从时间和金钱方面，还是从精神压力方面的代价或许更大。因此，不及时解决问题对自己没有好处，多数当事人逐步放弃不切实际的诉求，继而进行适当的让步。最终,双方各退一步,纠纷得以化解。此纠纷的结果兼顾了法律与情理,既维护了工亡家属的合法权益,又保障了企业正常生产经营秩序。

上述纠纷的处理,看似很简单,实则需要调解员对各方当事人的心态洞若观火,对“利益账”计算的分寸拿捏得恰到好处。账算清了,多数纠纷能迎刃而解,否则隔靴搔痒、不得要领,自己也气急败坏,挫败工作成就感。因此,调解人员需要锻炼这方面的能力,即如何发现双方争议的利益焦点,并如何在调解纠纷的过程中算好账,以达到双方当事人满意的效果。

第七节

调解语言的原则

案例

"王某,您为什么打了刘某一拳头呢?"

"因为他出言不逊,骂了我母亲。"

"原来这样啊,如果属实,能够理解,刘某得向您赔礼道歉,不过打人确实不对,要负责的。"

"对,调解员您说的对,还是您公道啊!不过他也要向我道歉,竟然骂我母亲。"

调解员又问刘某:"怎么被打了啊?"

"王某家空调漏水滴到我家,态度还不好,我气头上就骂了他一句,他就打了我。"

"原来这样啊,他家空调漏水滴到你家,态度不好还打人,这确实都不对,得向您赔礼道歉,不过您骂他母亲就不对了,很伤人的,也得向他道歉。"

"谢谢您能够理解我,这话说得公道,作为邻居怎么能出手打我呢?我一时嘴快骂他母亲确实不对,不过他得先向我道歉。"

王某与刘某相互道了歉,握手言和。

解析

上述纠纷案情简单，但充分展示了调解员高超的语言技巧。先肯定双方各自的占理部分，使当事人有一种“大错在对方”的心理感觉，挽回了面子，奠定了底气，缓和了情绪。随后调解员在双方情绪平稳的情况下委婉地批评各方不占理的部分，当事人不仅可以接受，还能心服口服。因为趋利避害是人之本性，抓住这样的心态如同“蛇打七寸”。在此基础上，矛盾焦点就迎刃而解，握手言和也水到渠成。

但如果话不恰当，调解员一开始就先批评当事人各自不占理之处，不仅难以调解成功，还容易使矛头调转方向。可谓“一句话说得别人笑，一句话说得别人跳”。

这就是调解语言的魅力。鉴于此，在不同的场合，面对不同的当事人，调解员如何说话就显得尤为重要。

操作提示

一、尊重原则

每个人都具有人格尊严，并期望获得尊重。尊重能引起当事人信任、坦诚等良好的情感，从而缩短与调解员的心理距离。调解员尊重当事人，在态度上热情帮助，言辞上真诚友善，可以使当事人感到温暖和亲切，从而对人民调解员产生信任。比如开头案例中，调解员的尊重态度迅速建立起了与当事人良好的语言共同环境，使当事人产生了共鸣，纠纷遂得以成功化解。因此，调解员切忌居高临下，不屑一顾，哪怕当事人无理取闹，不讲道理，也不能羞辱别人。

二、倾听原则

纠纷发生后，至少有一方当事人会觉得遭受了不公平待遇，满腹委屈或满腔怒火无处发泄，此时调解员若贸然开展调解，即便再能说会道也是隔靴搔痒，收效甚微。因此，针对这类人，如果调解员耐下心来慢慢倾听当事人内心的冤屈与愤怒，就如同给一只即将爆炸的气球慢慢放气。在倾听过程中，调解员对当事人的诉说需及时回应，也可以询问一些与矛盾有关的细节，这样不仅能掌握纠纷的基本情况，也能让当事人觉得受到了尊重。在此基础上，再根据实际情况因势利导，帮助对方厘清思路，分析利害，权衡利弊，不仅能平息当事人的满腔怒火，最终也使矛盾化为无形。

三、得体原则

人民调解员在调解时需言辞恰当，避免没有意义的假大空套话，也不可过分迎合讨好当事人，使当事人产生误解。调解员须从实际出发，根据纠纷事实、事发境况、当事人各自特点开展调解，且切忌在一方面前指责另一方。遵守得体原则，首先，要区分对象，因人而异。调解员的言辞恰当比话说得漂亮更为重要。其次，要注意场合，切合情境。运用语言进行信息传递、情感交流，离不开特定的时间、地点和场合。最后，要明确目的，有的放矢。在调解中要一语中的，使语言有分量，有“杀伤力”。

四、策略原则

纠纷调解是一项复杂、细致、艰苦的工作，如同人在战场，瞬息万变。调解语言的运用要讲究策略，灵活机变。如调解顺利，则要循循善诱,趁热打铁,迅速扩大调解成果;但若调解困难,则需要寻找突破口,制造利用契机,化被动为主动,逐步扭转调解局面。在实践中,由于纠纷的情况错综复杂和千变万化,在调解之前,调解员应当进行分析研判,在调解过程中应当适时变化。为了实现调解目标,必须始终把握好“讲什么”“怎么讲”的问题,即调解策略问题。根据事先的方案和临场实际,针对纠纷特点、当事人个性和相关因素,采取最佳的方式方法,掌控调解局面,机智巧妙应对。如果策略运用不当,轻则出现调解僵局,重则导致调解夭折,不待调解程序走完即纠纷激化,双方当事人退出调解程序,调解失败。为了保证调解语言策略正确,人民调解员首先应当准确切入,创设气氛;其次要多听慎言,忌擅下结论;最后要留有余地,忌绝对极端。

第八节

调解语言的技巧

上文笔者论述了调解语言的原则，接下来对于原则下的语言技巧展开论述。

一、赞美他人的语言技巧

赞美他人是一种有效的交往技巧，能有效地缩短人与人之间的心理距离。在调解中，适当地对当事人进行赞美能激发当事人的责任心，促使其自觉让步，顺利平息纠纷。但赞美也要讲究技巧，过于夸张或并非发自内心的赞美会适得其反。因此，要注意四个方面：首先，赞美他人要真心实意，只有真诚才会发生效应。其次，赞美时要语言精当、内容清晰。如果不断重复，会使效应衰减。再次，要用词得当，恰当的用词会使赞美显得自然、得体而不做作。最后，要把握赞美的时机，注意观察当事人的情绪状态，如果当事人情绪非常低落，过分的赞美往往会使当事人觉得不真实。

二、批评他人的语言技巧

批评比表扬、赞美更难把握。但是，在调解活动中，批评是不可缺少的。因此，调解员掌握批评他人的语言技巧非常重要，对此需要把握以下四点。

首先，要注意批评的动机与效果的统一。调解员批评的出发点应该是善良的，是真诚地提醒或帮助当事人认识错误。因此，要做到尊重、信任被批评的当事人。其次，要先表扬后批评，以表扬作铺垫，为批评营造轻松的气氛，使被批评的当事人感到批评是客观的、善意的，起码不会产生反感情绪。再次，要注意批评的态度。批评的目的是帮助他人，非泄私愤。调解员要坚持中立立场，在批评当事人的时候不能急躁，要注意使用温和的语言。最后，要注意因人而异。对待年轻人，批评时要语重心长，寄予希望；对待中年人，批评要旁敲侧击，点到为止；对待年长的人，批评要含蓄委婉，不失尊重；对待蛮横无理的人，批评要抓住要害，然后辅以耐心说服。

三、安慰他人的语言技巧

陷入纠纷的当事人都深感委屈，自己理直气壮，而会觉得对方强词夺理。所以，调解员在调解实践中，掌握安慰他人的语言技巧是非常重要的。通过安慰，可以拉近与当事人之间的距离，为调解纠纷打基础。人民调解员在安慰当事人时要注意以下具体技巧。

首先，安慰要注意是非界线。在没有弄清纠纷原委的前提下，言辞须谨慎，仅就当事人的情绪进行劝慰，而不要涉及纠纷是非本身，避免当事人误以为调解员站在自己的立场。安慰也要尽量避开纠纷事实，以免被人牵着鼻子走，或落人口实。其次，应结合实际给当事人一些具体帮助和实在鼓励，切忌喋喋不休、泛泛空谈。最后,要注意被安慰人的性格特征。对于心理素质比较脆弱的人,要多给予一些安慰和鼓励,帮助他们正视客观事实,勇于面对困难。对于性格比较坚强的人,则不必过多安慰,以免影响其对纠纷的独立判断。

四、说服他人的语言技巧

让当事人对调解方案心服口服是调解成功的核心要素,因此语言技巧很重要,对此,说服当事人要注意以下几点。

首先,要掌握说服的要点和难点。在调解活动中,调解员要在弄清纠纷事实的基础上认真归纳自己的意见,形成明确观点。在调解中不能因为词不达意而模棱两可,更不能因为语言错误而颠倒是非。其次,调解员通过与纠纷当事人的接触,主要是通过与其谈话沟通和外围了解,了解纠纷当事人对纠纷的认识偏差和心理特点,在调解活动中有针对性地运用启发性语言,积极开展有效疏导。最后,调解员在说服劝导当事人时,要对纠纷中的关键事实进行周密的论证。人民调解员在对当事人进行劝解说服时,在掌控局面的情况下尽量让双方当事人充分发表意见和适度博弈。调解员要把握好自己亮明观点的时机和场合,做到言之有理、论证充分。不说则已,说则“一语中的”。

小　结

本章中，来自调解一线的优秀调解员，基于自身从事调解工作的实践经验，结合案例，梳理了调解的各种技艺。这些调解技艺，一方面是经验的总结，另一方面是调解员的智慧结晶。正是调解员的智慧和技艺，使那些看起来非常难解决的矛盾纠纷得到了圆满的解决。这种“圆满”，不只是一种案结事了，更是一种当事人关系修复、心满意足的实质性解决。

调解，并非简单粗暴的权利义务分配，是需要技术和技巧的，所以需要从调解这一行为的方方面面入手，寻找和运用各种技艺，并将其恰到好处地适用起来。这些调解技艺，可以从两个方面来掌握。

一、硬件式的调解技艺

1. 调解员的基本素养

一个优秀的调解员必备的硬件要求：热爱调解工作，具备公道正派的品格、丰富的社会阅历、基本的法律知识、良好的沟通协调能力。我国有着熟人社会传统，又随着经济、文化、社会转型的环境中，那些发生在平等主体之间关涉财产权、人身权的民间纠纷，从法律的角度看似简单，但其中的人情世故、情理法理不那么容易处理。所以才需要调解员具有比法官等公职人员更丰富的知识和素养，也要更接地气。

2. 调解需要掌握的核心步骤

这也基本是一个调解成功的基本步骤和要求。某种意义上讲，只有做到这样，才可能实质性地化解当事人之间的纠纷。包括：查明事实，分清是非；摸清当事人诉求，总结争议焦点；锁定法律依据，明确调解方向；调解方法合适，表述恰当；逐步缩小范围，诉求达成一致。其中的任何一方面做得不到位，都将为纠纷解决埋下隐患，甚至直接导致调解的失败。

二、软件式的调解技艺

1. 调解方法的掌握和灵活运用

调解方法有很多，不同的案件、不同的纠纷、不同的纠纷当事人，甚至不同的时间、地点，等等，都可能影响调解方法的选择和运用。现场调解法、冷处理法、热处理法、权威劝说法、利弊分析法、褒扬激励法、上下台阶法、背靠背调解法、面对面调解法、明法析理法、情感触动法、换位思考法、以案释法法，等等，都是一线调解员们在有效化解纠纷之后的智慧总结，是调解员日后可以熟悉掌握并根据具体纠纷加以灵活运用的工具。

2. 关于调解语言的技艺

人是语言的动物，这不仅意味着人会使用语言进行交流沟通，也意味着语言的使用对人会产生深远的影响。调解员在调解过程中，如何选择调解的语言，是一门必须重视和掌握的技艺。一方面是语言使用的原则，包括尊重原则、倾听原则、得体原则、策略原则；另一方面是语言使用的技巧，包括赞美他人的语言技巧、批评他人的语言技巧、安慰他人的技巧、说服他人的技巧。调解员在遵守语言原则的基础上，恰当使用这些技巧，定会取得事半功倍的调解效果。

3. 关于调解重心定位的技艺

无论是调解方法，还是调解语言的选择和使用，这些都是程序性方面的问题，其实还有另外实质性的一面不能忽视，或者说更值得重视，其常常具有决定性作用，那就是纠纷当事人的各种“利益账”。其中包括“心理账”“感情账”“利益账”“后果账”等，不同的纠纷、不同的当事人存在各不相同的“账”，帮助当事人梳理、了解各种“账”，对于高效解决纠纷具有重要意义。

第四章

调解工作常见的问题及建议

细节决定成败

一、人民调解是需要重视细节的行为活动

细节决定成败,这句耳熟能详的名言,用在人民调解中再合适不过了。一方面,人民调解的对象是民间纠纷,其民间性往往意味着纠纷的烦琐具体,如果不重视细节,那就不太可能解决好这些民间琐事所导致的矛盾纠纷;另一方面,人民调解是人民群众解决民间纠纷的自治性活动,自愿是基本原则,哪个细节不到位,当事人不满意,就不愿意调解了,调解也就失败而结束了。

人民调解不能像人民法院进行司法裁判那样,只要当事人提起诉讼,被法院受理,经过审判,必然要作出裁判,这是一种带有强制性的纠纷结束行为。人民调解与法院审判不同,完全基于当事人的自愿,而且在调解过程中,当事人随时都可以要求停止或结束调解。这一点使调解变得非常"脆弱",调解过程中任何一个细节的不妥或不合时宜,都可能导致当事人放弃调解,也就意味着调解的失败。

调解参与人员,无论是纠纷当事人还是调解员,其在调解过程中的言行举止就构成这些细节。其中,调解员作为调解的主持人,其能否在重视自身言行规范的同时,运用各种调解技巧和手段做好当事人的工作,是调解能否成功的关键。

二、人民调解员的能力和素养是调解成败的关键

人是主体，人对万物具有主动性，人常常是事物的主宰。在人民调解中，纠纷当事人已然对纠纷解决无能为力，所以，调解员的作用就变得非常关键。调解员必须基于自身的各种能力进行纠纷调解，一方面需要取得当事人的信任；另一方面需要保持调解的专业性和特色。

要获得当事人的信任，调解员首先需要一定的专业知识。首先，调解员需要具有一定与纠纷相关的专业知识，在这些专业知识中，与纠纷相关的法律知识尤为重要，与民间纠纷相关联的民法等私法性质的法律知识是调解员应该熟悉和掌握的。其次，需要具有必要的沟通交流和协调能力，调解员需要在当事人之间进行沟通协调，没有良好的沟通协调能力，调解将寸步难行。

要保持和体现调解的专业性和特色，使当事人在整个纠纷解决过程中有被尊重感和获得感。为此，需要调解员遵守调解基本规范，恪守职业道德，勤勉尽责。正是因为调解员更多的积极性和主动性，加之其专业性等特点，使当事人信任调解，愿意配合参与调解，才能够达成调解协议，解决纠纷。

三、调解程序规范是调解目的实现的保障

调解程序，也就是调解的过程，是由一系列关于调解的时间、顺序、步骤等细节构成的。包括调解员在调解中是否懂法守法，是否懂得人情世故和公序良俗，是否保持中立立场，是否做过调查访问以查清事实、分清责任，是否善于倾听双方陈述申辩，是否有时间观念、注重效率，是否理性平和、具有亲和力，等等，这些都

构成调解成败的关键细节。

时代不同了，情势已有非常大的变化，经济、社会和文化背景已有很大的不同，当事人自身的素质和诉求也有较大的改变，这要求调解员不仅要自身素质和能力过硬，也需要在调解过程中重视细节，重视程序的正当和合法。

第一节

“自愿原则”看似简单而实践不易

案例

老王和老张系多年楼上楼下和睦邻里，却因空调漏水问题多次协商未果而心生嫌隙。某日，老王一怒之下出手打了老张一拳。报警后，社区民警认为殴打行为并不严重，情节轻微，楼上空调漏水对楼下的生活影响方是冲突之本。如果治标不治本，矛盾就无法解决。

解析

民警将上述纠纷移送至居委会人民调委会处理。调解员根据《人民调解法》第二十二条“自愿原则”之规定，询问双方是否愿意接受调解，老王表示愿赔礼道歉并给予对方一定经济补偿，老张也原谅了一时冲动的老王，双方关系恢复如初。

上述案例中，调解员征询了当事人的调解意愿，充分尊重了当事人的意思，认真落实了“自愿原则”。然而，实务中也存在调解员未能真正摸清民间纠纷当事人是否愿意接受调解的真实意愿及自身因素等原因而对“自愿原则”的把握出现偏差，导致纠纷不能有效化解。

操作提示

一、相互斗气型

很多时候，矛盾发生后，双方当事人为了维护自己面子而“死鸭子嘴硬”，声称要依法办事不愿接受调解，表面怒气冲冲、互相指责或提出不合理的诉求，实则内心饱受纠纷长期得不到解决或继续升级的困扰，渴望到此为止。调解员一旦被表象迷惑，就可能结束调解。而如果调解员能洞悉当事人的真实心理需求，先缓解彼此激动的情绪，言明矛盾升级后的不利影响，或给当事人找个台阶下，再征求当事人意愿，就能轻而易举平息矛盾。

二、“欲擒故纵”型

根据当前的法律规定，民间纠纷发生后，如果双方当事人自愿接受调解，协议的内容应由双方自由协商决定。但在实务中，部分当事人其实并非不愿接受调解，而是“欲擒故纵”，企图利用对方的畏惧心态达到自己不合理的经济赔偿要求而假装不接受调解。面对此类情况，调解员如果没有搞清其真实意图，草率放弃调解，矛盾便无法解决。因此，调解员应尽力劝说促使一方认清现实，放弃不合理诉求，自愿接受调解，力争解决纠纷。

三、拒调被迫型

实务工作中，虽然多数纠纷能在当事人自愿的基础上由调委会介入，但也存在一方或双方明确拒绝调解的情况，此时，调解员可依据有关法律法规告知当事人还可通过仲裁、行政、司法等途径维权。若因个别调解员太过热情，违背当事人自愿意志而强行调解,会导致当事人对调委会产生抵触心理。笔者以为,在尽可能调解纠纷的情况下,调解员也应充分尊重当事人意愿,一旦遭到当事人的明确拒绝就终止调解,以免产生不必要的负面影响。

四、自愿被涉型

《人民调解法》第二十三条规定,当事人在人民调解活动中享有下列权利:(1)选择或者接受人民调解员;(2)接受调解、拒绝调解或者要求终止调解;(3)要求调解公开进行或者不公开进行;(4)自主表达意愿、自愿达成调解协议。《人民调解法》第三十三条第一款规定,经人民调解委员会调解达成调解协议后,双方当事人认为有必要的,可以自调解协议生效之日起30日内共同向人民法院申请司法确认,人民法院应当及时对调解协议进行审查,依法确认调解协议的效力。从上述规定看,即使双方当事人接受了调解,但对于人民调解员的选择、终止调解、调解是否公开、调解协议的达成、调解协议的履行及司法确认均有自愿选择的权利。而个别调解员认为当事人自愿选择上述权利会影响调解的工作效率,因而横加干涉,强行按照步骤推进,引起当事人的不满。鉴于此,一旦出现当事人自愿选择上述权利的情况,调解员则应尊重当事人的权利。

第二节

避免"和稀泥"式调解

案例

张某路过刘某的苹果园时下地摘了几个苹果,价值30余元。当张某准备离开时,刘某追赶并拉拽张某,张某身体失去平衡摔倒致胳膊轻微擦伤。民警到场后了解情况,因苹果价值较小,情节较轻,便对张某进行了批评教育。考虑到张某受伤,又进行了现场调解,刘某赔偿张某200元。

解析

事后,该地警方的处理方式在网上引起轩然大波,不少网友认为警方的调解是"和稀泥",一时置警方于风口浪尖。该案中,张某"摘"的苹果金额虽不大,但其行为无疑构成盗窃(只是类似的盗窃行为,如果情节较轻,可不予行政处罚)。此时,主人刘某制止张某的偷苹果行为纯属正常反应,合法又合理,既符合正当防卫的构成要件,也符合民间的公序良俗。而警方非但没有处理张某的盗窃行为,反而让刘某赔钱。

笔者认为,该调解行为有悖国法、天理、人情,属于违法调解,是典型的"和稀泥"(多指无原则地调和折中)式调解,有损社会公平正义与执法者的公信力。

然而，还有一些人认为，无论是行政调解、人民调解、律师调解，还是司法调解，只要不严格依据法律、法规、规定处理纠纷的，就是“和稀泥”，是对法律秩序的破坏，有违公正与正义。对此，笔者则持反对意见。

调解工作不仅能够节约当事人的时间、精力，还能减少诉累，避免矛盾升级，能起到维护社会稳定的作用。司法判决在实现公平与正义方面，无疑是调解不能相提并论的，但司法判决消耗掉当事人的时间、精力、金钱也是调解工作一般不会发生的。因此，笔者认为，无论是调解还是判决，都是解决社会纠纷的一种方式，两者各有利弊，没有哪种方式处于绝对优势或领先的地位，以当事人的维权立场来判断采取哪种方式解决纠纷才更符合当事人的利益需求。

笔者的体会是，绝大多数当事人在纠纷发生以后，关心的并非法律如何规定或处理结果是否严格按照法律的规定，而是如何使自己利益最大化、损失最小化，因此很多当事人更愿意或偏向于选择调解解决纠纷。据此，笔者认为，在调解时如何帮助当事人打破一些非强制法律规定（不少法律规定本身也是多方利益体妥协的结果，限于篇幅无法展开论述）的束缚、通过相互妥协寻找到双方均可接受的方案、尽可能满足双方的利益，才是调解工作的关键。至于调解方案，是否严格依照法律规定常常并非首要的，但这并不等于调解工作可以乱来或无章可循，甚至不经训练就能做好。事实上，调解工作应是规范且科学的。

笔者写作此书的目的就在于为人民调解工作更加规范、科学而做出努力，故而旗帜鲜明地反对如开头案例那样“和稀泥”式调解。

操作提示

一、避免违法的调解

《民法典》第一百四十三条规定，有效的民事法律行为需要具备以下条件：(1)行为人具有相应的民事行为能力；(2)意思表示真实；(3)不违反法律、行政法规的强制性规定，不违背公序良俗。基于此，纠纷当事人在主体、主观状态与调解协议内容的达成方面，也要符合上述三点的规定，都要以此为底线，否则就是可撤销或无效的调解协议，就是"和稀泥"式调解。比如，夫妻协议离婚，一方当事人表示愿意与未成年子女解除父母子女关系，另一方表示同意，调解员将该内容写入协议书中并予以盖章确认，便是"和稀泥"式调解。再如，在调解中达成名为借贷实为包养的协议，也属于"和稀泥"式调解。虽然调解协议最终是由当事人最后自愿达成的协议，但这种违背公序良俗的调解是"和稀泥"。对于这样的调解，调解员也要避免。

二、避免事实不清、责任不明的折中调解

实务工作中，无论什么类型的民间纠纷，签订的调解协议背后多数是调解员根据当事人的诉求不断调整而形成的，但前提是调解员对纠纷事实有基本的掌握，然后划清了双方的责任，如此才能根据实际情况给当事人提出满意的调解方案。如果调解员没有了解纠纷的基本事实，则其必不能划清责任，也就不可能提出客观公正的调解方案。此时，作为调解员万不可为了追求调解成功率，或贸然或执意或强硬地提出折中的方案，否则容易使当

事人认为调解员不专业或失之偏颇，成为“和稀泥”式调解，也为信访投诉留下隐患。当然，在个别事实确实无法查清的情况下，如果当事人不愿意再为纠纷耗费时间、精力，调解员提出一个模糊性的建议，或双方自愿让步妥协达成协议，则另当别论。

三、避免“会哭的孩子有奶吃”的调解

“会哭的孩子有奶吃”，比喻一些人不断地提出无理要求，激发别人的同情心，或使别人不堪忍受其死缠烂打而让步妥协，从而达到自己的目的。对此，笔者在调解工作中深有体会。实务中存在不少在纠纷中本应承担较大责任的当事人，在双方的权益博弈中，或胡搅蛮缠提出别人无法接受的方案，或将自己伪装成弱者以达到自己的利益最大化，从而使另一方的合法利益受损。此时，个别调解员为节约时间、精力，或为了避免不必要的投诉纠缠等原因，反而去劝说那些无责或少责的人去承担部分或更多的责任，纵容“会哭的”当事人，让好人吃亏，这属于典型的“和稀泥”式调解，应当避免，否则会助长歪风邪气，导致社会不公，也影响人民调解的形象。

四、避免“迁就蛮横当事人”的调解

个别当事人与他人发生纠纷后，无论自己是否有理，上来就采用“一哭二闹三上吊”的方式以达成自己利益诉求。还有个别当事人，在明知自己在纠纷的处理中将承担全部或者主要责任的情况下，便开始蛮横无理，对另外一方当事人或者无关的其他人横加指责，无理取闹，以达到降低自己责任的目的。对于调解员的工作，则采取的是“你讲法律我讲道德，你讲道德我讲法律”的应对策略，甚至个别当事人在纠纷的处理过程中完全不讲事实，态度强硬，采用各种不明显违法的行为或者制造舆论，针对对方

当事人,以便在调解工作中讨到便宜,达到自己的目的。对于此类行为,调解员也要严正斥责,及时、正面或者委婉地指出蛮横当事人的错误及不当的诉求,公平公正地处理矛盾纠纷,避免蛮横当事人的诉求得逞。

第三节

调解员在程序上存在的问题及建议

案例

某日，刘某到居委会反映自己遭受丈夫张某多年训斥、精神压力很大的情况。在不断的控诉中，刘某情绪越发激动，声称一定要通过离婚为自己解困。年轻的调解员小李在倾听过程中对刘某的遭遇产生共鸣，表示一定会为同为女同胞的刘某主持公道。

次日，调解员小李约见了张某，然而按照纠纷调解程序，此时实际上还未正式开展调解，张某便被调解员劈头盖脸一顿批评。对此张某感到莫名其妙，随即对调解员产生了抵触情绪，使调解陷入僵局。后在师傅的参与和详细了解下，刘某与张某的纠纷原委渐渐水落石出，实际情况其实与刘某所诉的内容出入很大，刘某本身也存在很大问题。

解析

相信不少调解员在工作之初都有过类似小李的调解经历，轻易被一面之词蒙蔽而偏离了事实的轨道。这些都是因为调解员在从事调解工作之前缺乏实践经验，也未接受专业训练，但就是在一步步的行差踏错中得以成长，因此调解员无须自责留下心理阴影，也不必质疑自己能力不行而放弃调解工作。

操作提示

一、情绪失控

孟子曰："恻隐之心，人皆有之。"但趋利避害也是人之本性。纠纷发生后，当事人的尊严、身心、财产都可能受到了一定的伤害和损失，于是不自觉地夸大其词，无限放大对方过错，力争使调解员站在己方立场，维护自身权益。而作为调解员，纵然拥有更多的经验与教训，也难免不被当事人影响，产生同情心，从而轻易地指责训斥另一方当事人。如果一方所言为真，另一方或许因自知理亏而忍气吞声，一旦与事实不符，极易使对方产生抵触情绪，失去对调解员的信任，从而使调解陷入僵局。故笔者建议，无论当事人表现出何等冤屈、痛苦，也不论纠纷本身何等荒唐，调解员都要控制好自己的情绪，端正自己中立的态度，为后续调解奠定基础。

二、偏听偏信

兼听则明，偏信则暗。此话之所以经典，在于其道尽真理。要使纠纷得以公正处理，调解员就该对其前因后果全面掌握。如果只是一知半解或管中窥豹，调解就容易失之偏颇。因此，调解员耐心听取各方当事人的陈述力争全面掌握纠纷信息，是对纠纷进行正确判断的前提。

但调解员往往在听取当事人一面之词后误以为真理在握，迅速草率作出判断，从而招致另一方反感，反而使自己陷入被动局面。其实就算是自己最亲近最信任的人也难免言过其实,因此调解员切忌听信片面之词,而是要通过当事人的陈述申辩及证人证言等信息进行综合研判,逐步打好事实基础,才可客观地把握分寸,成功调解纠纷。孙子所言"知己知彼,百战不殆"者大抵如是。

三、先入为主

我们常戴着有色眼镜看世界,也容易被第一印象影响甚久。作为调解员,由于和大量的当事人打过交道,反而更容易将"错觉"当成"直觉",从而得出似是而非的偏见。如来自某些省份的人素质普遍不高,文身的壮汉多是坏人,有前科劣迹者往往在纠纷中存在过错等。

实务中,一旦在观念上为当事人贴上标签,调解员就会以自己的主观臆断去评判一个人。如果没有全方位掌握纠纷的事实基础,那么判断就会失之偏颇。而衡量对错的天平一旦倾斜,就会偏离公平正义的航道,不仅影响自己的客观判断,还会招致当事人反感,导致调解失败。因此,不管面对哪种类型的当事人,调解员都不可被第一印象蒙蔽双眼,而是要抓住纠纷本身,抽丝剥茧,直逼真相。

四、擅下结论

从理论上讲,纠纷能否成功调解取决于当事人是否自愿达成了协议。但从根本上分析,其关键在于调解员是否提出了令当事人满意的解决方案。不似判决般精细,调解相对粗放。在提出方案之前,调解员要对当事人双方的责任划分有大致的把握,只要尺度合理,双方握手言和的概率就大大增加。

当然,实务中常会有一些因当事人双方均不愿透露彻底而使调解员无法摸清真实情况的纠纷,此时,调解员则不宜轻易对责任划分给出定论，也不能贸然提出处理建议，只能另辟蹊径，否则很容易引起当事人的不满，其结果便是不仅矛盾无法化解，还可能引发当事人的不满或投诉，失去当事人的信任，不仅影响调解单位形象，更有甚者会“引火烧身”，打击调解员的工作积极性。鉴于此，笔者认为，一旦遇到情况复杂、争议较大、责任不易划分的纠纷，调解员切忌贸然调解，如此才可为后续调解留下空间。此外，调解员如果接到年代久远证据灭失、即便现代科技都无法还原真相的纠纷，则粗放型的调解方式或许并不合适，建议当事人可以通过司法途径进行解决。

五、临时更换调解员

在纠纷发生后，调解员的确定，或是当事人自己选择，或是调委会随机分配。无论如何，在调解员接手纠纷后，便与当事人产生了关联，逐步了解纠纷的前因后果，尤其是复杂的纠纷，随着调解的深入，调解员与当事人之间也会逐步建立信任甚至是感情，为最终成功调解奠定基础。鉴于此，如果没有特殊情况，不可轻易临时更换调解员，否则新的调解员需要重新了解案情，不仅浪费调解资源，也消耗当事人的精力与时间，当事人也许会产生调解组织不严肃等误会，从而失去对调解组织的信任，导致调解工作陷入被动局面。

六、执着于当事人的表面诉求

纠纷的发生定是以各方当事人诉求为导火线的，所以搞清楚各方的利益动机是根本。比如，有人表示请求对方赔偿 1 万元，但其实他并不在乎金钱，而是迫使对方向自己认错；有人表示只要对方道歉不求经济赔偿，但他真实目的就是想要拿钱；有邻里之间要求处理打架斗殴，但其实质是希望调解双方多年的宅基地纠纷。经验不足的调解员,或许在了解当事人真正诉求的时候缺乏洞察力而执着于表面的诉求,其效果定是大打折扣。因此,调解员要通过细节明确方向,洞悉当事人真正诉求,抓住问题本质,提高调解效率。

七、面对公众仓促调解群体性纠纷

涉及劳资、物业、工亡等群体性的矛盾纠纷,涉案人员很容易做出从众行为,或在他人稍加煽风点火的情况下提出不合理诉求,难以形成统一的意见。如果调解经验不足,调解员很容易陷入"欲速则不达"的困境,即便其想要快速化解纠纷的动机纯良,却在多数情况下难以一蹴而就,最后弄巧成拙,不仅当事人集体不满意,甚至有过激者会认为调解员在偏袒另一方,而将矛头调转方向至调解员。所以,针对上述群体性纠纷且当事人情绪激动的情况,调解员要及时汇报领导与公安机关,先确保社会治安秩序的稳定,再让对方推选一人或数人作为代表参与调解,将多数人的需求传达过来,就会避免因意见难以统一而导致调解效率低下。

八、无限期调解

《人民调解法》并未对纠纷受理以后的调解期限进行明文规定。从法理上讲,没有调解期限的规定也属正常,毕竟人民调解委员会既非执法机关,也非司法机关,而是群众性组织,因此对其工作不宜有严苛的限制。实务中,绝大多数纠纷在受理以后很快就得到了解决,当场化解的不在少数。当然,也存在一些纠纷或因案情复杂、或因当事人情绪激动而需要慢慢调解,也属正常现象,理应得到支持。但是,某些调解员缺乏敬业精神,以工作繁忙、时间不够等为理由,无期限拖延纠纷调解时间,导致当事人丧失耐心,怨天尤人,对调解组织和调解员丧失信心,更有甚者因当事人的负面情绪没有及时疏导而导致矛盾升级为治安或刑事案件。鉴于此,笔者建议,一般纠纷应在 1 个月内调解完毕,案情复杂的,可以延长 1 个月。如果情况实属特殊,则调解员应报备领导并与当事人沟通好期限,避免当事人产生不必要的误会。

第四节 调解员在实体上存在的问题及建议

上文中，笔者总结了调解员在程序上常见的问题并提出应对的建议，下文主要针对调解员在实体上存在的问题进行总结并提出建议。

一、不能保持中立

《人民调解法》第十五条规定，人民调解员不能偏袒一方当事人。要不偏不倚、公平行事，以事实为依据、以法律为准绳进行调解，是调解工作的底线。但实务工作中，因人情世故，个别调解员的工作有时会受到来自各方面的压力和干扰，比如同事关系的影响、亲戚朋友的面子、个别领导的招呼等，都有可能影响调解工作的顺利进行，导致调解员在调解过程中立场不能居中，偏袒一方，引发当事人的不满，继而对调解组织失去信任。鉴于此，调解员在平时的工作中，务必要牢记自己的工作初心，严格依照《人民调解法》第十五条的规定，公平公正地处理纠纷，为民服务。

二、违反保密原则

从某种角度而言，调解是件有趣的事，五花八门的“案情”跌宕起伏,让调解员大开眼界。在此情况下,部分调解员就有一定的分享欲,将案情透露给家人朋友。那么,这样的行为合法吗?《人民调解法》第二十三条第三项规定,当事人在人民调解活动中享有“要求调解公开进行或者不公开进行”的权利,即只要有一方当事人表示不愿公开,调解员便不可向他人透露案情,这是基于人民调解自愿原则衍生出的规定,调解员应予以遵守。那么,假如当事人要求公开调解,调解员是否就可以向他人透露呢?笔者以为也不可以。其原因在于当事人要求公开是希望避免监督不力的情况发生,让更多的人参与也是为了提高调解效率,并非愿意让更多人知晓纠纷,更别说对外宣传。因此,调解员要时刻有保密的意识。

三、不尊重当事人

尊重当事人是调解员最基本的素质。在调解过程中,尊重与批评是很难把控的,稍有不慎即会过度,从批评转为羞辱。比如在对强词夺理的当事人义正词严进行批评时,当事人如果误解未受到调解员的尊重,就会产生逆反心理而顶撞调解员。调解员的情绪一旦失控可能就有不合适的言行,导致两者形成对立管理,从而使调解陷入僵局。鉴于此,调解员在批评当事人的时候,要根据当事人的性格特点、文化素质及当下的情景形势,选择恰当的方式进行。如果调解员因能力不足或过于自信,则会产生不尊重他人的言行,这是需要极力避免的。

四、拒绝去现场

多数纠纷是调解员通过当事人的陈述与相关证据就可以把

事情的来龙去脉厘清的，掌握了基本事实以后也可以作出较为客观的判断。因此，部分调解员认为现场调解纯属多此一举。但是，有些案情复杂的邻里侵权等纠纷无法通过当事人述说还原，那么就无法给出令人满意的调解方案。此时，调解员去现场实地走访了解真相，再结合当事人提供的信息，就能更直观地对纠纷事实有新的认识，甚至还可能有意外的收获。笔者曾参与调解过一起窗户掉落砸伤楼下人的侵权纠纷，现场实地走访再结合被害人的陈述，基本事实便水落石出，一目了然，调解方案也是当场作出。因此，当纠纷纷乱复杂一时难以决断时，实地走访了解案情，方是上策。

五、过于遵循村规民约

村规民约是村民进行自我管理、自我监督的行为规范，是基层治理的重要形式。近年来，国家倡导将村规民约主动融入基层社会治理，于情于理于法最大限度地预防和化解各类矛盾纠纷。然而，所有的村规民约都要遵守吗？笔者通过互联网搜索了大量的村规民约，其中不乏违法情况，如“牲畜毁坏农作物被打死，吃毒药而死不赔”“出嫁女不再享有娘家所在村口粮田”等，上述村规民约既违反法律规定也违背公序良俗。如果用这样的村规民约去调解，则会侵犯当事人的合法权益。因此，调解员可根据当地实际情况，利用合法合理的村规民约去调解纠纷，对于违法背俗的村规民约则应拒绝。

六、过于自信

开展调解工作，调解员首先要有足够的信心去做好双方当事人的思想工作，尤其是要掌握纠纷基本情况，如此才可在与当事人的沟通中轻松应对，当事人也更相信调解员的能力而极力配合。但是，保持自信的同时，调解员也须保持谦虚谨慎的一面，否则过犹不及。所谓“满招损、谦受益”，过于自信即为自负，不仅会给人浮夸之感，也会降低信任感，不利于调解的成功。

七、怠于回访

调解方案落地后，调解员要督促当事人要遵照协议履约，否则协议就是一纸空文，即使最终通过司法确认强制执行，其成本也很高。实务工作中发现，不少调解员在调解协议书签订以后便以为万事大吉，对后续的协议履行不够重视，更不会通过电话或见面去回访当事人的履约情况，即只注重方案的落地，而不推进方案的落实。但是，如果协议书在签订后不能履行，或履行后当事人有反悔的情况，调解员应继续补强后续工作，打通最后一公里，将履约贯彻到底，真正做到案结事了。回访工作就是调解员了解案件后续进展和及时调整的重要渠道。

八、过度调解

当前，党中央对人民调解工作的理念做了最新要求，即“预防在前、调解优先、依法调解、实质调解”。“调解优先”就意味着百姓间的普通纠纷要优先通过调解的方式解决，尽可能避免纠纷进入仲裁、诉讼程序，减轻百姓解决纠纷的成本。但这也并不表示所有的纠纷都以调解为前置程序，因为这是不现实的。实务中有很多案情复杂争议较大的纠纷，或当事人的诉求极其不合理，这样的纠纷则不适合调解。那么调解员要及时放弃“调解优先”理念，告知当事人可通过仲裁、行政、司法等途径维权，避免过度调解，否则就是违背了调解的本质目的。

有人说，成功的经验固然难能可贵，但是失败的经验或许更为实用，此话蕴含的道理也适合调解工作。在成为一名优秀调解员的必经之路上，上述"坑"无处不在，但年轻人未必会总结会避免。笔者希望上述如何避"坑"的办法能对年轻的调解员有所助益，为调解工作添砖加瓦。

第五节

调解协议常见的问题及建议

某案件调解结束后，调解员就张某与刘某的侵权纠纷，制定了以下调解方案：

1. 张某尽快向刘某支付10,000元。

2. 张某如未向刘某支付10,000元，按照法律规定承担违约责任。

3. 自双方当事人签订协议后，双方均承诺遵守该协议内容，不再为此事发生纠纷。

相信很多人对上述协议都不能信服，因为该协议对"尽快"是多久、"按照法律规定承担违约责任"的违约金额如何计算含糊其词，容易发生争议。实务工作中，类似的问题却比比皆是，有些甚至十分低级，这类问题如不能避免，将会衍生新的矛盾，不仅会增加当事人和调解组织的成本，在司法确认中也有调解协议被认定无效的可能。鉴于此，笔者将通过本文总结调解协议书中常见的问题，并提出建议供读者参考。

一、主体存在错误

《人民调解协议书》上甲乙双方系纠纷双方的当事人。在实务中,当事人或存在某些原因无法到场参与调解,而委托近亲属或朋友代劳。如果上述人员持授权委托书参加调解,则程序合法。但实务中存在不少未持授权委托书的亲戚朋友代表当事人签订了调解协议而当事人反悔的情况,或者在进行司法确认时出现司法审查协议是否生效的可能。在这样的情况下,调解工作可能前功尽弃。因此,调解员必须对参加调解的人员主体资格进行审查,尤其是在签订协议时更要严格把关,以免留下协议不能生效的隐患。

二、格式不统一

《人民调解法》第二十九条规定,调解协议书应载明:当事人的基本情况;纠纷的主要事实、争议事项以及各方当事人的责任;当事人达成调解协议的内容,履行的方式、期限。调解协议书自各方当事人签名、盖章或者按指印,人民调解员签名并加盖人民调解委员会印章之日起生效。另司法部发布的《人民调解工作若干规定》中指出,人民调解委员会工作所需的各种文书格式,由司法部统一制定。上述法律法规均对调解协议的格式有明确要求,但在实务中发现,不少基层调解组织并未按规定制作协议书,存在格式不统一、漏项缺项现象突出的问题,如对纠纷的事实及当事人争议的事项不记录或记录不完整、未加盖调委会印章、调解员未签名等。鉴于此,调解员在拟定协议书时要按照司法部统一制定的格式,将规定的要点全部呈现在调解协议书上,避免因缺少关键内容导致协议无效。

三、内容不合法

调解协议的内容可以不按照《民法典》的相关规定严格约定,

但不能违反法律法规的强制性规定，也不能违背公序良俗。实务中，个别调解员法律业务知识欠缺或社会常识不够，导致其签订的协议存在违法或背俗的内容。如为非法债务签订协议、为包养妇女后的分手费用签订协议、约定免除侵权人的行政责任或刑事责任，上述协议均会因违法或背俗而被人民法院认定为无效或撤销。因此，调解员要提升自己的法律素养，在调解业务技能上力求精益求精，对协议内容是否合情合理合法严格把关，避免内容无效。

四、履行期限约定不明确

调解协议签订以后如若不能立即履行，则可约定时间限期履行，以防因违约再起风波。如涉及金钱赔偿的纠纷不约定具体给付时间，当事人会因为对期限的不同理解而产生争议，而经验不足的调解员往往意识不到其中隐藏的法律风险。因此，调解员在调解时一定要向双方（尤其是接受给付的一方）主动当说明期限问题并在协议书中明确约定履行期限的条款，以免当事人在履约过程中产生新的纠纷。

五、协议内容不具有可操作性

双方当事人在调解员主持下签订的协议书的履行方式、违约责任等内容应当是具体、明确且具有可操作性的，尤其应当避免“如甲方未在一周内付清款项，一切法律后果由甲方承担”“如违约，另一方追究其违约责任”等不具有可操作性的废话，否则后续会有次生矛盾发生。因此，调解员应在《民法典》规定的合法范围内对具体的赔偿标准、损失的计算标准、违约金的具体金额、计算方式等有合理的计算和明确的数字，力求做到全面地体现各方当事人的权利义务关系。

六、未尽到告知义务

协议达成一致后，如果没有立即履行，调解员应告知当事人可申请人民法院对调解协议进行司法确认。有些调解员对司法确认的制度并不知晓，或不清楚司法确认的流程，导致当事人错过司法确认的期限，继而出现一方当事人不履行协议的被动局面。此时当事人只能另行起诉，不仅无形中增加了纠纷调解的成本，也会有损人民调解组织的形象，失去群众的信任。因此，在无法立即履约时，调解员要告知当事人有司法确认的权利，至于其是否行权则另当别论。另外，如果调解失败，也要告知当事人可依法通过仲裁、行政、司法等途径维权。

第六节

调解卷宗常见的问题及建议

调解协议书是人民调解在调解过程中形成的书面材料，能真实全面地反映调解的过程与结果。调解协议书不仅是经司法确认并赋予强制执行力的重要依据，还可作诉讼时效中断的依据，甚至涉及案件事实部分可以作为证据保留。因此，将调解协议文书进行立卷归档非常重要。实务工作中，多数调解卷宗内容完整、格式标准、立卷规范、卷面整齐，但也有部分存在以下问题。

一、没有卷宗

《人民调解法》第二十七条规定，人民调解员应当记录调解情况。人民调解委员会应当建立调解工作档案，将调解登记、调解工作记录、调解协议书等材料立卷归档。从上述规定看，调解员调解纠纷的过程都应形成材料，然后立卷归档。实务工作中，多数民间纠纷案情简单，争议不大，调解员通过简单工作便可化解矛盾，双方当事人口头达成协议并当场履行，笔者认为此时如有音频记录，没有必要都要形成书面案卷。但针对案情复杂争议较大的纠纷，如果不能当场履行，调解员切不可仅凭音频就不制作案卷材料，因为后续一旦发生争议，调解容易前功尽弃。故对上述纠纷,应按规定形成书面案卷材料。

二、卷宗不全

普通的纠纷案件,应按下列顺序建立人民调解案件卷宗:卷宗封面、卷内目录、人民调解申请书或人民调解受理登记表、人民调解权利义务告知书、人民调解调查记录、人民调解证据材料、人民调解记录、人民调解协议、人民调解司法确认告知书(达成协议)或人民调解终止告知书(未达成协议)、人民调解回访记录、卷宗情况说明、卷宗封底。如果是口头调解案件或者是简易调解案件,可以适当参考一般调解案件的案卷适当简化。但实务工作中,个别调解员为了提高工作效率过于简化归档卷宗,案卷中仅有其中的两三项,甚至只有调解协议书。上述归档案卷并不能客观全方位呈现纠纷的全过程,一旦日后存疑或证据灭失,便不能还原事实,后续再行调解的成本也会大大增加。

三、文书内容格式不规范

笔者曾撰文就调解协议中易犯的错误做了专门的论述,但对调解员制作文书格式的要求针对的远不只调解协议,对人民调解调查记录、证据材料等案卷同样重要,否则调解效果将大打折扣。多数调解员能将案卷中要求的文书制作完整,但个别也存在不规范的情况。如调查记录未按记叙文六要素的要求记录调查过程,又如调查记录文书语言表述不够精准,导致纠纷案件类型定性错误,再如卷面不整洁、字迹潦草等。鉴于此,调解员在制作完整案卷材料的同时,还要注意文书内容与格式的制作规范。

四、保存不规范

《关于进一步规范人民调解文书格式和加强人民调解司法确认引导工作的通知》规定，人民调解案件办结（含未调解成功）后10日内，人民调解委员会和经办人民调解员应当整理案件材料，以“一案一卷”方式进行分类、归档，建立人民调解案件卷宗。人民调解案件卷宗保管期限分为短期、长期、永久三种。短期保管期限为5年，长期保管期限为10年。上述规定表明，对于案件卷宗的保存期限均有明确的规定，实务工作中有调解员已然规范地制作了案卷，却在存档时有失规范（随意存放、存放未到期便销毁材料），这些应予以避免。

第七节 司法确认的流程与存在的问题及建议

李某家属与某公司工亡纠纷调解案，在调解员的主持下达成如下协议：

1. 企业方一次性支付死者家属各项赔偿共计 110 万元，签订协议后两个小时内先行支付 30 万元，1 个月内全部支付完毕。

2. 家属周某等人签订协议后不再影响企业的经营。

周某认可上述协议的内容，却因担心公司不按时履约而迟迟不肯签订协议。调解员对周某的担忧深表理解，遂告知周某可向所在地人民法院申请司法确认。调解协议一旦得到司法确认，即使公司违约，也可以申请法院强制执行。听闻告知后，周某遂安心签了字并申请了司法确认。

想来调解员对司法确认这项制度并不陌生，该制度在实务运行中为打消当事人担忧与调解协议的顺利履行发挥了重要作用，也助益了人民调解的最后一棒。但该制度也存在少许问题，一是调解员对司法确认的流程不清楚，二是司法确认在执行中也并非一帆风顺。对此，本节先列举司法确认的流程，然后论述存在的问题并提出建议。

一、司法确认的流程

第一步：调解员向当事人告知司法确认制度。

第二步：调解协议生效后30日内，双方当事人共同向主持调解的人民调解委员会所在地基层人民法院申请司法确认。人民法院在立案前委派人民调解委员会调解并达成调解协议，当事人申请司法确认的，由委派的人民法院管辖。

第三步：向人民法院提交司法确认申请书、调解协议和身份证明、资格证明，以及与调解协议相关的财产权利证明等证明材料，并提供双方当事人的送达地址、电话号码等联系方式。委托他人代为申请的，必须向人民法院提交由委托人签名或者盖章的授权委托书。

第四步：人民法院经审查认为调解协议符合确认条件的，应当作出确认决定书；决定不予确认调解协议效力的，当事人可以通过人民调解方式变更原调解协议或者达成新的调解协议，也可以向人民法院提起诉讼。

第五步：人民法院依法作出确认决定后，一方当事人拒绝履行或者未全部履行的，对方当事人可以向作出确认决定的人民法院申请强制执行。

二、司法确认存在的问题及建议

（一）司法确认制度相关的法律知识普及率低

司法确认是近年才开始实施的一项司法制度，在百姓当中的普及率还不高，许多群众尚不知晓调解协议达成后，还可通过该制度确认其效力，甚至可以申请强制执行，以此约束当事人履行协议。因此,人民法院受理的司法确认的案件比较少,其在现实中难以发挥应有的作用。产生上述问题的关键不单纯在于当事人,而在于调解员对该制度也不甚明了。鉴于此,一方面要对调解员进行专业培训,补足业务短板;另一方面要形成司法确认的告知制度,如在达成的调解协议书上,要载明当事双方在法律规定的时间内可申请司法确认并提供申请书样本,同时告知当事人申请司法确认免交诉讼费及相关法律后果等相关问题,引导当事人申请司法确认并帮助其完成申请所需材料。

(二)调解员对司法确认存在排斥感

实务工作中存在调解员法律知识欠缺导致部分调解协议内容违法,进而在司法确认过程中被确认无效的情形,这也导致调解员对司法确认存在一定的排斥感。对此,人民调解组织可邀请人民法院进行业务指导,定期开展调解协议书司法确认知识培训班,对调解员加大业务培训力度,使大家在了解法律知识的同时,全面掌握司法确认机制的工作流程、要求及方法。此外,人民调解组织还可组织调解员旁听人民法院的庭审,通过现场观摩提高调解员业务水平,以保障调解协议质量,让更多的调解协议能通过司法确认,提升调解协议的法律效力和执行率。

(三)审查程序繁冗

有些人民法院出于责任的要求,严格审查司法确认案件的程序与实体内容,确认无误后才作出是否确认的决定。在审查过程中,有的当事人当场反悔,致使审查的工作量远大于确认的工作量,违背了司法确认的便捷原则,也造成了司法资源的浪费。笔者以为,人民法院应简化审查程序,秉承便捷原则,主要审查双方当事人意思表示是否真实、是否违法背俗、有无损害他人利益的情形，只有确有必要的才当面询问当事人，否则过度审查会导致调解效率大打折扣，违背了人民调解工作自愿、便民的初衷。

（四）调委会与法院尚未建立协调机制

实务中，部分调解员基于简单便捷和息事宁人的心态，未建议当事人申请司法确认，使不少纠纷最终因未能履行协议而重新步入诉讼之路，浪费了当事人的成本。针对上述情况，有些地方司法局尝试与属地法院建立诉调对接机制，如已达成协议却尚未履行的，就建议当事人申请司法确认，不仅大大提高了司法确认的数量，也基本保障了当事人的权利。但更多的人民调解组织并未与属地法院建立对接机制，因此笔者建议加强对接的落实工作，争取更多的调解协议得以司法确认。

第八节
提高调解能力的途径

案例

某日,居民易某等人来到镇调委会寻求帮助,称其所居住小区内的广场上每天都有居民跳广场舞,且经常跳到深夜,噪声已经严重影响小区居民的正常生活。易某等人多次和广场舞队沟通协商,但效果甚微。因此求助调委会,希望能彻底解决此事。

工作不久的调解员小张来到该小区广场上进行实地调查,发现确有近百人在跳舞,音响声音巨大且传播甚远,小张心中为周边居民维权的正义感顿时油然而生。于是,在小张的制止下,舞蹈队停止了活动。小张见状便在广场对着众人说:"《环境噪声污染防治法》(已失效)第四十五条规定,'禁止任何单位、个人在城市市区噪声敏感建筑物集中区域内使用高音广播喇叭。在城市市区街道、广场、公园等公共场所组织娱乐、集会等活动,使用音响器材可能产生干扰周围生活环境的过大音量的,必须遵守当地公安机关的规定'。第五十八条规定:'违反本法规定,有下列行为之一的,由公安机关给予警告,可以并处罚款:(一)在城市市区噪声敏感建筑物集中区域内使用高音广播喇叭……'"接下来,小张口气较为严厉地批评道:"你们产生噪声的行为,如果报警,公安机关可以对你们给予警告，甚至可以并处罚款，所以请你们立即停止。”

未等调解员发言完毕，就激起了舞蹈队几十个人的不满情绪，当即提出反驳：“百姓也有娱乐休闲的权利，就算罚款也不能阻拦我们锻炼身体。”个别群众甚至认为调解员态度不好，要投诉。小张的调解工作以失败告终，工作积极性大受打击。事后，调解员一直无法理解的是，自己一心为民的心为什么还不被理解呢？

解析

相信上述案例中发生的事情，对于刚参加调解工作的年轻调解员来说并不陌生。实务工作中发现，个别调解员在法律知识、调解方法、调解语言等方面确实存在诸多的不足，一定程度上影响着调解纠纷的效率，甚至存在调解员业务能力不足导致久调不解，轻则“引火上身”被当事人投诉，重则导致矛盾升级，一件普通的民间纠纷演变成恶性刑事案件。

事实上，在调解纠纷过程中，宣读法律，批评有错的当事人都是常见的操作，只是年轻调解员缺乏经验，没有在恰当的时机进行宣传告知，也没有用恰当的方式批评当事人，才导致当事人不满，最终调解失败。众所周知，纠纷最终能妥善解决，离不开调解员的作用，因此其调解能力很重要。

操作提示

一、加强职前理论学习

调解员直面当事人，具备较强的纠纷调解能力是不可或缺的，而能力的提高不仅需要日复一日的实践积累，还需要有法律理论知识的储备。只有通过系统的法律知识学习，才能掌握法律法规的立法初衷、立法背景，才能对法律规定抽象、充满争议的地方作出相对正确的解读与把握，保证调解工作不会出现大的偏差，不至于出现调解方案违反法律法规的强制性规定，违背公序良俗的情况。笔者注意到，全国各地不仅有专职调解员还有大量的兼职调解员，知识背景也是千差万别，甚至个别调解员不具备基本的法律常识。笔者认为，入职前充足的理论知识储备是提升职后调解能力的重要保障，故而建议相关单位在入职前对调解员尤其是非法学背景的调解员做基本的《民法典》及相关法律法规的培训，并对人民调解的受案范围、调解程序、工作原则、方法和语言艺术等方面进行详细讲授，为他们入职后调解工作的开展奠定较为扎实的理论基础。

二、参与大量的调解实践

实践出真知，这句话对于调解工作更加正确。实务工作中发现，个别理论水平高的调解员因为缺乏调解实践经验，调解水平并没有预期那么高，而一些调解员虽然理论水平欠缺，但在调解工作中游刃有余，双方当事人总是很满意。背后的原因主要在于仅有理论缺乏实践便是纸上谈兵，而有些调解员虽缺乏理论却进行大量实践又善于学习总结，调解水平日益精进。当前存在的问题是，刚入职的年轻调解员因为缺乏实践经验，担心无法应对鸡毛蒜皮又错综复杂的各类纠纷，缺乏自信，害怕出错，担心被投诉，往往不愿意去独自承担调解工作。对此，笔者认为，任何成熟都是从幼稚开始的，没有几个人出生就能成为高手，调解过程中遇到各种困难、挫折、失败及投诉均属于正常现象。调解员需要做的是，不要害怕失败，勇担重担，在实践中去反思自己的不足与错误，然后提炼总结相关经验。大量的调解实践是提高调解水平的最佳途径。

三、落实师徒带教制度

长期以来，师徒带教制度是很多地方人民调解的优良传统。人民调解社会实践性强，有别于很多工作。如果没有经验丰富的调解员为年轻的调解人员传道授业解惑，一般情况下，调解人员自我成长的速度将会比较慢，甚至有可能偏离正轨，所以认真落实师徒带教制度对年轻调解员的成长而言十分重要。笔者也曾做过调解工作，也有带教师傅，其调解纠纷的能力让笔者由衷佩服，不管是大矛盾还是小纠纷，他总能快速抓住矛盾焦点，并提出令当事人容易接受的解决方案。笔者在一年实习期结束后便能独自处理各类矛盾，主要得益于这位优秀的带教师傅的指导和帮助。此外，笔者通过工作还感受到，调解工作中具备的临场应变能力，常常是在书本上和培训中难以获得的，只能在实践中跟随师傅不断地去感受、揣摩、积淀和总结。因此，一名优秀的带教师傅在调解实践中会对徒弟调解能力的提升起到至关重要的作用。当然，师徒带教制度要形成一套机制，认真落实，不能流于形式。

四、完善职后业务培训

虽然职前的理论训练使调解员拥有基本的法律知识和法律思维，但实践中也发现了很多问题。由于调解员个人知识的局限，仍然需要职后的业务培训为调解员开拓视野、指点迷津。职后的业务培训能解答调解员在工作中充满疑惑的问题，使培训更有针对性，也更具实际效果。当然，对于培训老师而言，职后的业务培训也更具挑战性，因为职后调解员总是带着问题而来。笔者以为，职后调解员的业务培训可从以下几个方面进行：其一，单位自我培训，一般而言，是单位内部调解员之间对调解纠纷过程中出现的问题进行交流和总结;其二,有实践经验的老师培训,尤其是那些拥有丰富的调解经验的老师,对调解实践中的问题往往能一针见血地指出,直达病灶,能有效地避免出现培训内容过于空洞的情况;其三,单位间相互交流,也就是各个调解组织之间的业务交流。笔者注意到,一些培训是由上级统一安排,由不同单位之间各自准备成功的案例做经验分享,这样也会对其他同事产生有益的参考。

小　结

本章主要从人民调解的实务操作角度，介绍了一些常见的问题以及相应的解决建议。这些来自基层的调解经验教训，具有一定的实践意义，是调解员在调解过程中的避“坑”指南。可称为“避坑指南”的人民调解经验教训，主要是从调解员自身的能力和素养，以及调解过程和程序两个方面进行总结的。

一、关于调解员自身的能力和素养

这一点可以从两方面来分析总结。

一方面是调解员的主观意愿方面。调解员需要热爱调解事业，具有职业精神，因此能够尊重纠纷当事人，不会情绪失控。调解员在调解过程中应该避免偏激或盲目自信，先入为主，违背调解员的中立地位，偏听偏信或擅自下结论，也不可违反保密原则，泄露案件相关信息，等等。

另一方面是客观行为方面。调解员存在的问题主要是拒绝去现场、怠于回访、面对群体性纠纷仓促调解、临时变更调解员、调解无期限、调解不适度，等等。若实现调解的目的，巩固调解的实效，调解员应该根据案件情况，进行必要的调查了解，以查清事实、分清责任，进行必要的回访以落实调解协议和巩固调解成效。另外，其他如调解期限、介入程度等方面，也需要给予必要的重视，加以灵活地掌握。

二、关于调解过程和程序

实践中存在以下问题：对调解自愿原则的遵循，调解是否“和稀泥”，调解是否遵循《人民调解法》等法律规范性文件的规定，调解协议是否合理合法、是否依据法律或司法部规范制作和保存卷宗，对于司法确认的认识和适用是否到位，等等。这些问题，是规范的问题，《人民调解法》和司法部《人民调解工作若干规定》等规范性文件有所规定，应该予以遵守。正当合理的程序是实现实体权益的基础和保障，遵守程序虽然具有一定的成本，但避免了后续不必要的麻烦或冲突。所以，这些法定的程序理应受到重视，否则将导致调解事倍功半，甚至前功尽弃。

人民调解是解决基层人民之间矛盾纠纷的群众性自治活动。人民调解的对象，这些来自基层群众的“民间纠纷”，其基层性、具体性、烦琐性等特征，决定了调解过程必须是烦琐而细微的，必须是接地气和具有亲和力的，这也就要求调解员必须具备更多的耐心和亲和力，除了必要的专业知识外，具备一定的沟通交流、协调能力也是非常必要的。

人民调解绝非易事，不仅对调解员有挑战性，需要调解员具备一定素质和能力，而且在调解过程和调解程序等细节上，也常常得有所作为，这其中的任何一个瑕疵或不严谨，都将导致当事人的不满甚至放弃调解，也即调解的失败。

第五章

一般纠纷调解

见微知著，从一般中见规律

本章所介绍的一般纠纷，主要指的是发生在民间的有关宅基地、排水、噪声等相邻关系纠纷，买卖、借款、租赁等合同纠纷，人身权、隐私权等人格权纠纷，以及婚姻家庭纠纷这四类纠纷，它是普通人，尤其是熟人之间在日常生活中产生的纠纷，是民间常发、易发的纠纷，因而是调解工作的主要内容。调解员需要熟悉这类纠纷及其特点，并根据其本质和特征进行有针对性的调解，否则可能会事倍功半。

1. 一般纠纷主体的特殊性

一般纠纷的主体，就是日常生活中的普通人，他们之间常因为各种生活事务而往来接触。这种人际往来，有些是他们被动必须进行的，比如婚姻家庭中的纠纷主体，他们或者是夫妻（或未婚夫妻），或者是父母子女、兄弟姊妹，以及相邻关系纠纷中的主体；有些则是人们主动选择的，比如买卖、借款、租赁等合同纠纷中的主体，他们之间是绕不过、避不开的人际交往。这些人际交往不可避免，出现矛盾也难以处理。

基于一般纠纷主体的特殊性，调解员在调解过程中，应该尊重和重视这一点，尽最大可能维护这种特殊的人际关系，为纠纷解决后当事人之间人际关系的修复和继续奠定基础。婚姻家庭中的亲情维护，无论是夫妻、父母子女，还是兄弟姐妹，尊重和保护好这些情感非常重要；相邻关系也是一种很难分离的关系，即使发生矛盾纠纷，绝大多数当事人很难搬离，需要继续保持这种“抬头不见低头见”的相邻关系，所以在调解过程中，也需要重视和充分利用这一点。买卖、借款、租赁等合同关系的当事人与前两类纠纷主体有所不同，有时会发生在陌生人之间，有时也发生在熟人之间。熟人之间纠纷的解决需要重视人际关系的修复，陌生人之间也需要对这种人情世故给予一定程度的重视。毕竟这类关系很少是发生在流动场所的“一锤子买卖”，大家以后还会有往来。调解员在调解过程中对主体关系的重视是必要的，这么做，不仅有利于纠纷的彻底解决，也有助于家庭和社会的和谐稳定。

2. 一般纠纷内容的简单性

发生在民间的这类一般纠纷，还有一个特点，就是纠纷内容的简单性。婚姻家庭中的夫妻感情纠纷、夫妻离婚纠纷、老人赡养纠纷，相邻关系中的宅基地、排水、噪声等纠纷，合同关系中的买卖、借款、租赁纠纷，人身权纠纷，等等，其中的关系简单，矛盾明显，焦点突出。调解员在调解过程中，通过听取当事人双方的陈述和申辩，以及必要的实地调查探访，不难了解和掌握事情的前因后果。

然而，也许正是这种简单性，导致了当事人对纠纷不够重视和谨慎，他们常常不懂相关法律规定，也对社会中相关的情理置之不理。所以调解员在调解这类纠纷的过程中，一方面需要注意主体的特殊性，关注和重视情理，另一方面也需要为当事人释明法律和法理，不能因为案件事实和关系的简单，而忽视法律的权威地位和底线作用。

3. 一般纠纷调解仍需坚持调解原则不松懈

基于一般纠纷的上述特点，调解员在调解此类纠纷时，不能因为这些纠纷太普通、太一般，就放松原则，将纠纷调解得随意或马虎。坚持原则，遵循《人民调解法》规定，秉持为人民服务的理念，是任何纠纷调解必须坚守的底线。

比如，在调解过程中，调解员必须“查清事实、分清责任”，事实不清，证据不确凿，就不可能分清责任。为此，调解员不仅需要倾听当事人的陈述，常常也需要实地调查探访，才能弄清楚事实真相，以便后续调解工作的展开，乃至分清责任、达成协议。

比如坚持法律的底线。在一般纠纷领域中，传统观点对人们的影响很大，调解员有时侯需要尊重传统，有时候又不能局限于传统，在传统成为矛盾解决的不利因素时，要及时转向，寻找法律上的依据。当今社会是法治社会，法治的观念已经深入人心，通过和依据法律提供调解和解决方案，往往更容易被当事人接受，起到事半功倍的效果。

复杂纠纷往往是这些一般纠纷的复合版，一般纠纷常常是其他复杂纠纷的简化版或拆解版。大家只有了解和掌握这些一般纠纷的调解方法、技巧、特点等，才能打好调解基础，为其他复杂、特殊纠纷的调解做好准备。

第一节 宅基地、排水、噪声等相邻关系纠纷

相邻关系纠纷,是指不动产的相邻各方在行使所有权或使用权过程中发生的纠纷。相邻关系纠纷的数量占据各类纠纷总量的半壁江山。常见的有宅基地、用水排水、采光、弃置废弃物、通行权及噪声扰民等纠纷。

虽然相邻关系纠纷多数是些鸡毛蒜皮的琐事,但它们极其考验调解员的综合能力。有效地化解这类纠纷,将节约老百姓的时间、精力、金钱,对于维护邻里关系、社会稳定起到非常关键的作用。因此,调解员对如何处理相邻关系纠纷要引起足够的重视。

一、调解相邻关系纠纷的法律依据

(一)关于处理相邻纠纷原则的法律规定

《民法典》第二百八十八条规定:不动产的相邻权利人应当按照有利生产、方便生活、团结互助、公平合理的原则,正确处理相邻关系。

《民法典》第二百八十九条规定:法律、法规对处理相邻关系有规定的,依照其规定;法律、法规没有规定的,可以按照当地习惯。

(二)关于用水排水的法律规定

《民法典》第二百九十条规定:不动产权利人应当为相邻权利人用水、排水提供必要的便利。

对自然流水的利用,应当在不动产的相邻权利人之间合理分配。对自然流水的排放,应当尊重自然流向。

(三)关于通行的法律规定

《民法典》第二百九十一条规定:不动产权利人对相邻权利人因通行等必须利用其土地的,应当提供必要的便利。

(四)关于利用相邻土地、建筑物的法律规定

《民法典》第二百九十二条规定:不动产权利人因建造、修缮建筑物以及铺设电线、电缆、水管、暖气和燃气管线等必须利用相邻土地、建筑物的,该土地、建筑物的权利人应当提供必要的便利。

(五)关于通风、采光和日照的法律规定

《民法典》第二百九十三条规定:建造建筑物,不得违反国家有关工程建设标准,不得妨碍相邻建筑物的通风、采光和日照。

(六)关于弃置固体废物、排放有害物质的法律规定

《民法典》第二百九十四条规定:不动产权利人不得违反国家规定弃置固体废物,排放大气污染物、水污染物、土壤污染物、噪声、光辐射、电磁辐射等有害物质。

(七)关于挖掘土地、建造建筑物等的法律规定

《民法典》第二百九十五条规定:不动产权利人挖掘土地、建造建筑物、铺设管线以及安装设备等,不得危及相邻不动产的安全。

(八)关于因用水、排水等利用相邻不动产的法律规定

《民法典》第二百九十六条规定:不动产权利人因用水、排水、通行、铺设管线等利用相邻不动产的,应当尽量避免对相邻的不动产权利人造成损害。

(九)关于噪声扰民的法律规定

《噪声污染防治法》第六十一条规定:文化娱乐、体育、餐饮等场所的经营管理者应当采取有效措施,防止、减轻噪声污染。

《噪声污染防治法》第六十二条规定:使用空调器、冷却塔、水泵、油烟净化器、风机、发电机、变压器、锅炉、装卸设备等可能产生社会生活噪声污染的设备、设施的企业事业单位和其他经营管理者等,应当采取优化布局、集中排放等措施,防止、减轻噪声污染。

《噪声污染防治法》第六十三条规定:禁止在商业经营活动中使用高音广播喇叭或者采用其他持续反复发出高噪声的方法进行广告宣传。

对商业经营活动中产生的其他噪声,经营者应当采取有效措施,防止噪声污染。

《噪声污染防治法》第六十四条规定:禁止在噪声敏感建筑物集中区域使用高音广播喇叭,但紧急情况以及地方人民政府规定的特殊情形除外。

在街道、广场、公园等公共场所组织或者开展娱乐、健身等活动,应当遵守公共场所管理者有关活动区域、时段、音量等规定,采取有效措施,防止噪声污染;不得违反规定使用音响器材产生过大音量。

公共场所管理者应当合理规定娱乐、健身等活动的区域、时

段、音量，可以采取设置噪声自动监测和显示设施等措施加强管理。

（十）关于相邻关系受到侵害如何保护的法律依据

《民法典》第二百三十六条规定：妨害物权或者可能妨害物权的，权利人可以请求排除妨害或者消除危险。

《民法典》第二百三十七条规定：造成不动产或者动产毁损的，权利人可以依法请求修理、重作、更换或者恢复原状。

《民法典》第二百三十八条规定：侵害物权，造成权利人损害的，权利人可以依法请求损害赔偿，也可以依法请求承担其他民事责任。

《民法典》第二百三十九条规定："本章规定的物权保护方式，可以单独适用，也可以根据权利被侵害的情形合并适用。"

二、相邻关系纠纷参考案例

案例一　宅基地纠纷

艾某与吴某两家宅基地前后相邻。某日吴某因翻建新房扩建自家地坪占了艾某的宅基地。恰逢当时艾某出差在外，待其回归时，吴某房屋已建完。艾某遂来到镇调委会求助。

解析

调解员邀请当地村委会工作人员及第三方测量机构来到现场，在多方见证下，测量机构对双方宅基地面积进行现场测量并做了详细记录，调解员也对双方提供的宅基地土地使用证、房产证、相关部门出示的证明材料进行核实。经核实发现，吴某新建的房屋占地面积大于登记面积 5 平方米，显然侵占了艾某的宅基地。但经测量也同时发现艾某的宅基地面积大于房产证登记面积 15 平方米。对此艾某解释称其数年前建房时，将门口约 15 平方米的土丘铲平并占用了该土地。

听完艾某的陈述后，调解员找到了调解方向，并向吴某指出，根据《土地管理法》第十二条："土地的所有权和使用权的登记，依照有关不动产登记的法律、行政法规执行。依法登记的土地的所有权和使用权受法律保护，任何单位和个人不得侵犯。"个人合法权利受法律保护，禁止任何组织或者个人侵占、哄抢、破坏，艾某已完成登记的宅基地土地使用权系其合法财产权利，吴某的占用行为违法。

随后，调解员又向艾某指出，《土地管理法》第九条第二款和第十一条规定，农村的土地，除由法律规定属于国家所有的以外，属于农民集体所有；宅基地和自留地、自留山，属于农民集体所有。农民集体所有的土地依法属于村农民集体所有的，由村集体经济组织或者村民委员会经营、管理；已经属于乡（镇）农民集体所有的，由乡（镇）农村集体经济组织经营、管理。由此可见，艾某占用的土丘应当是由村集体管理，其未经批准占用的行为不符合法律规定，应当及时退还并拆除在该土丘上新建的建筑物和其他设施，恢复土地原状。经过调解员的明法析理，双方在态度上均有所松动。

调解员趁热打铁，结合《民法典》第二百八十八条关于"不动产的相邻权利人应当按照有利生产、方便生活、团结互助、公平合理的原则，正确处理相邻关系"之规定，向双方当事人指出，相邻一方行使不动产权利时，相邻他方有义务提供必要的便利。最后，经过调解员和村干部耐心细致的劝说，双方协商决定，各自退还多侵占的宅基地，并签订了调解协议：(1)吴某通过拆除楼梯并重建部分外墙的方式归还侵占艾某的5平方米宅基地；(2)艾某通过拆除并重建外墙方式归还侵占村集体的15平方米土地。

案例二 排水纠纷

徐某与黄某系邻居，两家共用一堵墙。徐某家房屋需通过共用墙体从黄某家院子向外排水，现两家因排水问题产生纠纷，徐某遂至调委会求助。

解析

调解员经过实地走访，发现徐某家房前是水泥过道，地势比房屋所在地势高，两边是邻家院墙。一旦下雨，水就会从房门往屋里灌水，确实无处排水。而黄某表示，从前因两家关系好才同意徐家从自家院排水，现徐某言行恶劣，粪便等生活垃圾也通过共用墙的排水口往外排放，导致其房屋长期受潮。黄某因不让徐家排水还遭徐某辱骂，故拒绝调解。

调解员向黄某讲述了六尺巷的故事，又解释了《民法典》第二百八十八条、第二百九十条第一款之规定：不动产的相邻权利人应当按照有利生产、方便生活、团结互助、公平合理的原则，正确处理相邻关系；不动产权利人应当为相邻权利人用水、排水提供必要的便利。同时，也向徐某指出，因其排水导致黄某家房屋长期受潮，按照法律规定，应予以适当补偿。

调解员通过情理法的结合，黄某感受到了公平公正，最终同意徐某从黄某家院往外排水，但要求徐某对其房屋受损部分给予补偿。在调解员的主持下,双方最终达成如下协议:(1)黄某同意徐某家雨水从他家排出,10天之内共同修好排水沟;(2)徐某当场一次性支付给黄某1000元,作为维修房子的费用。协议如约履行,双方化干戈为玉帛。

案例三　通行权纠纷

陈某和樊某系邻居。陈家门口道路系樊家出入的必经之路。现樊家因修建房屋要用重型车辆运送建筑材料,陈某担心车辆经过对道路造成破坏,遂阻止樊家车辆进入,除非樊某预先支付道路损坏费5000元,理由是该道路是陈家的进宅路,也是陈家数年前自家全额出资修建的。樊某则认为道路属村集体所有,不接受陈某的要求,双方多次协商未果。樊某遂至乡调委会求助。

解析

调解员通过实地走访了解到:樊家位于道路尽头,出入确实必须经过陈家门口之路。陈某称该路系多年前为出入方便而自行修建的,彼时出于情义顺便也将樊家门口的路一并进行了修建,遂该路所有权应归属自己,重型车辆能否进出也须经自己同意。同时,樊家十几年来每日都从该路进出,自家从未有怨言,但樊某却理所应当享受而从未存感激之心。如今要求樊某提前支付5000元也是担心道路损坏后樊某不愿赔偿。

樊某表示,自家房屋已无法居住,故已联系好施工队,如今材料到位即可开工。但陈某一直设法阻拦,非要提前付钱。樊某认为门口道路系集体土地,自家有权通行,如陈某再度阻拦,自己将采取其他手段运输物料。

村干部表示,樊家房屋经鉴定属于危房,亟须修葺。门口的水泥路确系十几年前陈某自行出资修建,2 年后村里才统一出资修建全村道路。多年来该路维护完好故未再修缮。本案的争议焦点在于:(1)陈某对自家门口的道路修缮后是否享有所有权,是否可以此为由阻拦他人通行;(2)若道路经重型车辆经过后损坏,应由谁承担责任?

理清症结后,调解员召集双方调解,并向双方阐述《民法典》第二百八十八条"不动产的相邻权利人应当按照有利生产、方便生活、团结互助、公平合理的原则,正确处理相邻关系"之规定,告诉双方当事人,无论有何种争端,都应按照团结互助、互利互惠的原则处理邻里关系。

对于道路所有权问题,《土地管理法》第九条第二款规定:"农村和城市郊区的土地,除由法律规定属于国家所有的以外,属于农民集体所有;宅基地和自留地、自留山,属于农民集体所有。"虽然陈某对道路进行了修缮,但道路仍为农民集体所有。陈某出资修路,并不能改变道路是由农民集体所有的性质。樊某有权通行。

另外,法律要求当邻居因通行、修缮房屋必须利用其相邻的土地时,相关权利人应当提供必要的便利。根据《民法典》第二百九十一条"不动产权利人对相邻权利人因通行等必须利用其土地的,应当提供必要的便利"与第二百九十二条"不动产权利人因建造、修缮建筑物以及铺设电线、电缆、水管、暖气和燃气管线等必须利用相邻土地、建筑物的,该土地、建筑物的权利人应当提供必要的便利"之规定,调解员指出,不管是从法理还是情理的角度,陈某都不应该阻碍樊某及车辆通行。

对于可能对道路造成的损坏，根据《民法典》第二百九十六条“不动产权利人因用水、排水、通行、铺设管线等利用相邻不动产的，应当尽量避免对相邻的不动产权利人造成损害”之规定，享有通行权利并不意味着樊某可随意破坏道路，若是车辆对硬化的水泥路造成损害，樊某于情于理于法都需要承担责任。

调解员提出调解方案，建议 5000 元不作为预先支付的赔偿款，而是作为樊某修建该路的共同出资，若后期道路损坏，谁损坏谁修复。樊某当即表示同意，陈某见樊某态度诚恳，也表示认可。

在调解员的见证下，双方签署了调解协议书：（1）双方经协商，此进宅路修建合计价格约为 10,000 元，同意各自承担 50%，由樊某一次性补偿陈某 5000 元；（2）陈某同意樊某重型机械进场施工，但如路面因重型机械进场损坏，由樊某负责修复；（3）现双方对此进宅路均有通行权，互相不得干涉。

案例四　采光纠纷

王某与唐某系邻居。唐某新建一简易房屋，紧贴王家房屋并遮住王某的后窗使王家房屋无法正常通风采光。后唐某又在新屋内饲养山羊，山羊的粪便味扩散至王家房屋导致王某无法正常居住。双方多次爆发言语冲突且协商未果后，至调委会请求调解。

解析

调解员前往王家查看情况，发现即使王某紧闭窗户，山羊的本味及粪便味依然浓烈，且唐某的新屋对王某的窗户遮挡，致王某的采光受到一定影响。

唐某表示，自己在宅基地内新建房屋并饲养山羊，均属行使自己对宅基地的正常使用权,行为正当合法,王某无权干涉。对此,调解员首先根据《民法典》第二百九十三条关于"建造建筑物,不得违反国家有关工程建设标准,不得妨碍相邻建筑物的通风、采光和日照"之规定明确指出,唐某的建屋行为对王家房屋采光通风造成的影响及其饲养家畜散发的异味对他人的困扰均系侵权行为,且该行为已严重影响王某的正常生活。按照《民法典》第一百七十九条第一款规定:"承担民事责任的主要方式有:(一)停止侵害;(二)排除妨碍……"唐某应停止对王某的侵害行为。

经调解员劝说,唐某终于认识到自己行为的不当性,表示愿听从调解员的建议。最终,在调解员的主持下,双方签订了调解协议:(1)8 月底前,唐某拆除新建房屋,以确保王某房屋后窗通风采光;(2)12 月底前,将所饲养的山羊全部售出,今后也不再饲养产生异味的家禽家畜,营造良好的邻里生活环境。

案例五 弃置固体废物纠纷

某日晚,霍某运来建筑垃圾准备铺设自家猪场的出入路面,将建筑垃圾堆放在郝某的猪场门前。因自家猪场门前无端被占,郝某前来制止失败后,与霍某发生口角。村调解员积极介入。

郝某要求霍某将建筑垃圾运走,并称即便霍某倒在自家猪场前也不得影响两人的通行。霍某辩称自己的临时堆放行为并未影响别人通行,郝某上来就横加指责,两人遂起冲突。

解析

调解员向霍某重点宣讲相邻关系的相关内容。《民法典》第二百八十八条规定："不动产的相邻权利人应当按照有利生产、方便生活、团结互助、公平合理的原则，正确处理相邻关系。"霍某辩称，倾倒垃圾只是为了填埋路面，并不影响他人通行。而其倒在郝某猪场门前只是因为该处有空地，临时堆放并不影响他人。

调解员见状便进一步讲解了《民法典》第二百九十四条的规定："不动产权利人不得违反国家规定弃置固体废物，排放大气污染物、水污染物、土壤污染物、噪声、光辐射、电磁辐射等有害物质。"并指出，霍某私自运输建筑垃圾的行为存在污染环境的隐患，如造成生态破坏，须承担修复责任。

同时，调解员也指出郝某也有不妥之处，其阻拦方式稍欠考虑，更不应出口伤人。经协商，双方自愿达成如下协议：(1)霍某将堆放的建筑当天如数运走，并将现场打扫干净；(2)郝某向霍某道歉。

案例六　漏水纠纷

李某因疏通厕所损坏下排管道，污水渗漏到楼下汤某家，汤某找李某沟通希望能解决问题，李某不肯担责。无奈，汤某遂去调委会申请调解处理。

解析

调解员实地走访查看了漏水原因。为更全面地了解情况并明确各方责任，调解员联系了物业维修负责人。维护人员检查后告知双方厕所管道系楼上住户使用，因此按照上管下的原则应由楼上住户负责。李某听闻却不愿承担全部费用，要求汤某也承担一半。

调解员从邻里关系的相处及拖延可能导致的严重后果等方

面对李某进行了劝说，同时宣读了《民法典》第二百八十八条“不动产的相邻权利人应当按照有利生产、方便生活、团结互助、公平合理的原则，正确处理相邻关系”之规定，并告知李某无论从法律规定出发还是从人之常情角度看，都应由李某负责解决漏水问题。经调解员反复劝解，双方达成以下协议：(1)漏水问题由物业人员负责维修，费用由李某承担；(2)双方不再为此事发生纠纷，如再漏水，遵循楼上漏水楼上负责之原则。

案例七 噪声扰民纠纷

易某等人来到镇调委会寻求帮助，称其所居住小区的广场上每晚都有居民跳广场舞直至深夜，噪声已严重影响小区居民的正常生活。

解析

调解员在详细了解情况后组织居民代表易某和两支广场舞领队姚某、陈某进行调解。易某代表居民提出诉求后，调解员向领队表示追求业余生活是公民的权利，但应保障他人的合法权益，不应以牺牲他人正常生活为代价。

接着，调解员又向双方讲解相关法律法规。《环境噪声污染防治法》(已失效)第四十五条规定：“禁止任何单位、个人在城市市区噪声敏感建筑物集中区域内使用高音广播喇叭。在城市市区街道、广场、公园等公共场所组织娱乐、集会等活动，使用音响器材可能产生干扰周围生活环境的过大音量的，必须遵守当地公安机关的规定。”第五十八条规定：“违反本法规定，有下列行为之一的，由公安机关给予警告，可以并处罚款：(一)在城市市区噪声敏感建筑物集中区域内使用高音广播喇叭……”其中“噪声敏感建筑物集中区域”是指医疗区、文教科研区和以机关或以居民住宅为主的区域。如遇噪声扰民行为,可向当地居委会、小区业委会、物业等组织投诉,或拨打“110”报警电话、向当地环保部门举报,要求噪声制造者停止侵害、排除妨碍、赔礼道歉,如有充分证据能证明造成物质或精神损害,还可以依法要求赔偿。

舞队代表认识到后果严重性后,听从了调委会的调解方案。双方自愿达成以下协议:(1)两支队伍分散开,陈某队伍到社区外的小广场活动,姚某舞蹈队继续在社区内广场跳舞,两支舞蹈队保证不超过50人;(2)跳舞时间安排为每晚6点半至7点半;(3)控制好音乐的音量,保证不扰民。

操作提示

一、相邻纠纷无小事

邻里纠纷多是鸡毛蒜皮的琐事,但消耗着调解员大量的精力,也着实考验着调解员的调解水平,稍有不慎还会遭无理投诉,甚至个别邻里纠纷因没有及时或得到妥善解决而矛盾升级,演变成恶性刑事案件。如陕西汉中张某某、福建莆田欧某某、陕西商洛王某某等故意杀人案均系相邻通行纠纷引发。矛盾一旦升级,给当事人及社会都带来沉重负担。因此,调解员要重视相邻纠纷的调解工作,秉承公平公正原则,力争在第一时间内将这些纠纷予以化解,为社会稳定贡献力所能及的力量。

二、抓住纠纷产生的根源

如同行医问诊须找到病因才能对症下药一样,纠纷调解也要抓住矛盾本质方可有效给出调解方案,实现案结事了。但邻里纠纷都发生在熟人之间,今日的争吵斗殴许是多年前的误会或昨日的宅基地纠纷所致,只是熟人之间碍于面子不愿直言。如果调解员不能找到纠纷的根源,即便暂时化解了今日矛盾,也会爆发昨日的纠纷。因此,调解员切不可被纠纷表面所迷惑,须深挖根源,再对症下药。

三、充分利用第三方力量

《人民调解法》第二十条规定,根据纠纷调解的需要,在征得当事人同意后,人民调解员可邀请当事人亲属、邻里、同事等参与调解,也可以邀请具有专门知识、特定经验的人员或者有关社会组织的人员参与调解。上述规定就是用法律直接肯定了调解员利用第三方力量进行调解的作用。其原因是邻里纠纷当事人多以熟人为主,甚至牵涉到家族亲属之间的财产分配、遗产继承等纷争,此时如果有共同的长辈(如老娘舅)或德高望重的第三人参与调解,往往事半功倍。

四、用通俗的语言释法明理

《人民调解法》第十四条第一款规定,人民调解员应由具有一定文化水平、政策水平和法律知识的成年公民担任。该法条对调解员的要求有明确的定位。那么需要始终围绕法律政策来开展调解吗?这显然是不需要的。邻里纠纷的当事人多是普通百姓,不少人文化层次较低,调解员如果生搬硬套法律政策可能会招致当事人反感,使调解工作陷入僵局。因此,调解员要尽可能用通俗易懂的语言讲清法律,释明道理,最终不仅能实现化解纠纷之目的,还能达到普法的效果。

第二节

买卖、借款、租赁等合同纠纷

合同纠纷是指公民、法人、其他组织之间因合同的成立、履行、生效、解除等发生的纠纷。虽然合同纠纷种类繁多,但就人民调解而言,常见的合同纠纷主要是买卖纠纷、债务纠纷及租赁纠纷。因此,本节的内容主要关注调解上述纠纷的法律依据、调解参考案例及注意事项。

一、调解买卖、借款、租赁等合同纠纷的法律依据

在我国,关于买卖、借款、租赁等合同的法律依据非常多,调解过程中关键的依据主要是以下一些方面。

(一)关于格式条款的效力

《民法典》第四百九十七条规定:“有下列情形之一的,该格式条款无效:

(一)具有本法第一编第六章第三节和本法第五百零六条规定的无效情形;

(二)提供格式条款一方不合理地免除或者减轻其责任、加重对方责任、限制对方主要权利;

(三)提供格式条款一方排除对方主要权利。”

《民法典》第四百九十八条规定：对格式条款的理解发生争议的，应当按照通常理解予以解释。对格式条款有两种以上解释的，应当作出不利于提供格式条款一方的解释。格式条款和非格式条款不一致的，应当采用非格式条款。

（二）关于违约责任

《民法典》第五百七十七条规定：当事人一方不履行合同义务或者履行合同义务不符合约定的，应当承担继续履行、采取补救措施或者赔偿损失等违约责任。

《民法典》第五百七十八条规定：当事人一方明确表示或者以自己的行为表明不履行合同义务的，对方可以在履行期限届满前请求其承担违约责任。

《民法典》第五百八十五条规定：当事人可以约定一方违约时应当根据违约情况向对方支付一定数额的违约金，也可以约定因违约产生的损失赔偿额的计算方法。

约定的违约金低于造成的损失的，人民法院或者仲裁机构可以根据当事人的请求予以增加；约定的违约金过分高于造成的损失的，人民法院或者仲裁机构可以根据当事人的请求予以适当减少。

当事人就迟延履行约定违约金的，违约方支付违约金后，还应当履行债务。

《民法典》第五百八十六条规定：“当事人可以约定一方向对方给付定金作为债权的担保。定金合同自实际交付定金时成立。

定金的数额由当事人约定；但是，不得超过主合同标的额的百分之二十，超过部分不产生定金的效力。实际交付的定金数额多于或者少于约定数额的，视为变更约定的定金数额。”

《民法典》第五百八十七条规定：债务人履行债务的，定金应当抵作价款或者收回。给付定金的一方不履行债务或者履行债务不符合约定，致使不能实现合同目的的，无权请求返还定金；收受定金的一方不履行债务或者履行债务不符合约定，致使不能实现合同目的的，应当双倍返还定金。

《民法典》第五百八十八条规定：当事人既约定违约金，又约定定金的，一方违约时，对方可以选择适用违约金或者定金条款。

定金不足以弥补一方违约造成的损失的，对方可以请求赔偿超过定金数额的损失。

（三）关于买卖合同

《民法典》第六百零四条规定：标的物毁损、灭失的风险，在标的物交付之前由出卖人承担，交付之后由买受人承担，但是法律另有规定或者当事人另有约定的除外。

《民法典》第六百一十条规定：因标的物不符合质量要求，致使不能实现合同目的的，买受人可以拒绝接受标的物或者解除合同。买受人拒绝接受标的物或者解除合同的，标的物毁损、灭失的风险由出卖人承担。

（四）关于借款合同

《民法典》第六百七十条规定：借款的利息不得预先在本金中扣除。利息预先在本金中扣除的，应当按照实际借款数额返还借款并计算利息。

《民法典》第六百八十条规定：禁止高利放贷，借款的利率不得违反国家有关规定。

借款合同对支付利息没有约定的，视为没有利息。

借款合同对支付利息约定不明确，当事人不能达成补充协议的，按照当地或者当事人的交易方式、交易习惯、市场利率等因素确定利息；自然人之间借款的，视为没有利息。

（五）关于租赁合同

《民法典》第七百零五条规定，租赁期限不得超过二十年。超过二十年的，超过部分无效。租赁期限届满，当事人可以续订租赁合同；但是，约定的租赁期限自续订之日起不得超过二十年。

《民法典》第七百零七条规定，租赁期限六个月以上的，应当采用书面形式。当事人未采用书面形式，无法确定租赁期限的，视为不定期租赁。

《民法典》第七百一十二条规定，出租人应当履行租赁物的维修义务，但是当事人另有约定的除外。

《民法典》第七百一十三条规定，承租人在租赁物需要维修时可以请求出租人在合理期限内维修。出租人未履行维修义务的，承租人可以自行维修，维修费用由出租人负担。因维修租赁物影响承租人使用的，应当相应减少租金或者延长租期。

因承租人的过错致使租赁物需要维修的，出租人不承担前款规定的维修义务。

《民法典》第七百一十六条规定，承租人经出租人同意，可以将租赁物转租给第三人。承租人转租的，承租人与出租人之间的租赁合同继续有效；第三人造成租赁物损失的，承租人应当赔偿损失。承租人未经出租人同意转租的，出租人可以解除合同。

《民法典》第七百一十七条规定，承租人经出租人同意将租赁物转租给第三人，转租期限超过承租人剩余租赁期限的，超过部分的约定对出租人不具有法律约束力，但是出租人与承租人另有约定的除外。

《民法典》第七百一十八条规定，出租人知道或者应当知道承租人转租，但是在六个月内未提出异议的，视为出租人同意转租。

(六)关于物业合同纠纷

《民法典》第九百四十四条规定：业主应当按照约定向物业服务人支付物业费。物业服务人已经按照约定和有关规定提供服务的，业主不得以未接受或者无须接受相关物业服务为由拒绝支付物业费。

业主违反约定逾期不支付物业费的，物业服务人可以催告其在合理期限内支付；合理期限届满仍不支付的，物业服务人可以提起诉讼或者申请仲裁。

物业服务人不得采取停止供电、供水、供热、供燃气等方式催交物业费。

《民法典》第九百四十五条规定：业主装饰装修房屋的，应当事先告知物业服务人，遵守物业服务人提示的合理注意事项，并配合其进行必要的现场检查。

业主转让、出租物业专有部分、设立居住权或者依法改变共有部分用途的，应当及时将相关情况告知物业服务人。

《民法典》第九百四十六条规定：业主依照法定程序共同决定解聘物业服务人的，可以解除物业服务合同。决定解聘的，应当提前六十日书面通知物业服务人，但是合同对通知期限另有约定的除外。

依据前款规定解除合同造成物业服务人损失的，除不可归责于业主的事由外，业主应当赔偿损失。

二、调解合同纠纷参考案例

案例一　购房买卖合同纠纷

买方王某与卖方张某签订了购房合同，王某向张某交付了定金2万元，双方约定2个月内交齐剩余购房款，并办理相关手续。后王某未能在约定时间内交付剩余房款，要求张某返还定金时遭拒。王某遂向调委会求助。

解析

调委会掌握了纠纷的基本事实：王某购买张某房屋意愿真实，由于王某的债务人未在规定时间内归还欠款，导致其资金周转困难，造成购房合同不能履行。针对王某要求返还定金的诉求，调解员为其讲解法律规定。《民法典》第五百八十七条规定："债务人履行债务的，定金应当抵作价款或者收回。给付定金的一方不履行债务或者履行债务不符合约定，致使不能实现合同目的的，无权请求返还定金……"王某因自身未能按照约定给付剩余房款，致使购房合同不能履行，因此无权请求张某返还定金。

调解员在与张某的沟通中，建议其认真考虑王某购房系真实意思表示，虽然王某未能按时交付剩余房款，但这并非其本意，属于资金周转暂时困难，一旦资金周转进入良性循环，王某是具备购房能力的。房屋成交将有利于双方利益的实现，希望张某能够与王某再次商谈房屋交易事宜。经过调解员多次与双方疏导沟通，形成了再次协商购房的调解方案。

但是，双方对王某之前已经交付的定金能否视为购房款发生争议。王某认为该定金应当视为购房款的一部分，自己仅再行支付余款即可。张某认为定金依据原购房合同不能返还,二人虽然先后以同样价格交易同一房屋,但却是两次合同行为,在调解过程中经协商达成购房意向后应当重新签订购房合同,定金不属于新合同购房款。

调解员指出,张某关于“先后以同样价格交易同一房屋,但却是两次合同行为”的观点符合法理,但是两次合同行为之间存在联系,不能完全割裂,而且关于合同内容双方是可以协商的。经调解,最终双方各让一步,双方达成以下调解协议:(1)张某无须返还王某已经支付的房屋买卖2万元定金;(2)王某与张某重新签订购房合同,交易价格比原合同约定价格减少1万元。

案例二　买卖合同纠纷

织衣公司与刘某签订买卖合同,购买4台口罩生产设备。钱货两讫后,口罩机却陆续出现故障,致使公司无法正常生产,口罩订单无法按期完成。织衣公司多次与刘某协商,要求维修、调换或退货,刘某均不采取任何措施,遂产生纠纷。公司向调委会申请调解。

解析

调解员经调查:织衣公司与刘某签订买卖合同,合同约定口罩生产设备单价40万元/台,织衣公司采购4台,共计160万元,合同约定了相关违约责任。口罩生产设备安装完毕后,经调试运行状况良好,但仅使用3个月后,4台生产设备陆续出现不同程度的故障,经多次抢修仍不能正常生产,导致公司不能如期完成生产订单。织衣公司希望刘某退还全部货款并赔偿由此导致的经济损失15万元。刘某则表示，自己按约定交付了合格的口罩生产设备并进行了安装调试，该4台生产设备经调试运行状态良好，所以不同意由己方承担责任。

调解员认为，应先确定设备出现故障的原因，才能由此划分相应责任。经检测，设备维修保养期已过，刘某将设备出售给织衣公司时，存在部分零部件老化现象，无法长期使用。据此，调解员向双方指出，《民法典》第五百七十七条规定："当事人一方不履行合同义务或者履行合同义务不符合约定的，应当承担继续履行、采取补救措施或者赔偿损失等违约责任。"刘某出售设备时，设备已无法正常使用，但刘某未主动告知，按合同约定，刘某应承担违约责任。

刘某表示，织衣公司亟须新设口罩生产线，因双方存在长期合作关系，刘某才通过其他渠道受让了该批生产设备并转让给公司，自己并不知道设备零部件早已老化，并非恶意出售不合格产品。调解员指出，刘某违反了合同约定，应承担违约责任，希望刘某换位思考，协商处理好纠纷。刘某认同调解员说法，愿意承担违约责任，但因资金紧张，短期内无法一次性退还全部货款，希望调解员能帮助协调通过分期付款方式予以退还。公司表示，因口罩生产线不能正常生产，导致不能如期完成订单，公司面临较大困难，不能接受分期还款。调解陷入僵局。

沟通中，刘某提出，可以通过互易贸易的方式履行退款义务，即刘某向织衣公司提供生产口罩的熔喷布用于抵扣应退还的货款，织衣公司生产的口罩成品由刘某代为销售。对刘某提出的方法，织衣公司表示，鉴于与刘某的长期合作关系，为尽早收回设备款，避免损失扩大，接受刘某意见。在调解员帮助下，双方签订了以下协议：(1)刘某退还织衣公司口罩机设备款160万元，补偿利息15万元，相关款项由同价值的熔喷布予以抵扣；（2）口罩生产设备由刘某拆装进厂维修，并承担拆装及运输费用；（3）织衣公司与刘某在调解协议之外自行签订熔喷布与口罩互易合同。

经回访，织衣公司与刘某共同履行了调解协议，对调解结果均表示满意。织衣公司也与刘某签订了熔喷布与口罩互易合同，每月互易金额400余万元，合作期限1年。

案例三 借款合同纠纷

刘某与王某系亲属关系。刘某因做生意需要，向王某借款4万元，借期1年，双方约定3分利息。其间，刘某曾还过王某一些利息。后来，刘某因经营不善，到约定的还款期限未能偿还全部欠款。王某多次找到刘某索要欠款，刘某答应尽快偿还，但始终未能履约，甚至处于失联状态，两人彻底闹翻。王某到调委会寻求帮助。

王某表示，刘某借钱时写了欠条并约定利息，刘某必须按照约定支付本金和利息。刘某则表示，当时情况紧急用钱，所以向王某借了高利息的钱，谁知道后来生意出了问题，没能及时还上欠款，目前已经没有能力偿还。

解析

调解员对二人进行释法说理。最高人民法院《关于审理民间借贷案件适用法律若干问题的规定》第二十八条规定，借贷双方对逾期利率有约定的，从其约定，但是以不超过合同成立时一年期贷款市场报价利率四倍为限。未约定逾期利率或者约定不明的，人民法院可以区分不同情况处理：（1）既未约定借期内利率，也未约定逾期利率，出借人主张借款人自逾期还款之日起参照当时一年期贷款市场报价利率标准计算的利息承担逾期还款违约责任的,人民法院应予支持;(2)约定了借期内利率但是未约定逾期利率,出借人主张借款人自逾期还款之日起按照借期内利率支付资金占用期间利息的,人民法院应予支持。调解员向双方解释,刘某与王某约定的3分利,超过了合同成立时一年期贷款市场报价利率的4倍,超过部分的利息不能受到法律保护。

调解员又从刘某的现实情况入手,向王某说明,刘某目前外债较多,欠款已无力偿还,王某要充分考虑到刘某的实际情况,如强行按照约定的高额利息要求其偿还债务,既违反法律规定,也影响了亲情,实无必要。王某认同调解员的话,表示刘某未偿还的本金一定要还,未偿还的利息可以按照法律规定重新计算。经调解,双方自愿达成以下协议:(1)刘某在本年12月底之前偿还王某本金4万元,同时一次性给付利息0.8万元,总计4.8万元;(2)刘某以自有的一辆货车作为抵押,如果约定还款日之前未能还清欠款,刘某将车出售后,用售车款偿还欠款。

案例四　涉及转租的租赁合同纠纷

张某与路某之间的租赁关系已维持多年,张某家从商铺附近搬离后,很少过问出租之事,每次合同到期后,路某主动进行续签。某日,张某发现商铺老板已不是路某。张某询问后才知道,店面早就被路某转租,转租后每年的租金达十多万元,自己租给路某一年才6万元。后张某电话联系路某,希望路某尽快搬离。路某却回避不谈关于商铺后续租赁的问题。张某到镇调委会寻求帮助。

路某认为,张某是以收回房屋为借口,以达到上涨租金的目的。张某表示,自己十分信任路某,平时也不过问房屋使用情况,房租也从未随意上涨，双方关系一直融洽，谁知路某却私下高价转租。路某表示，自己没有精力做生意，因此才想通过转租赚些钱补贴家用。

解析

调解员对双方进行劝说：一方面，两人关系融洽，路某家中遇到些困难，这才转租房屋，希望张某谅解，张某若突然收回房屋再另租他人，一是未必放心，二是住处离出租的房屋较远，来回处理租房事务也并不方便。另一方面，路某未经张某同意转租房屋从中牟利，存在过错，根据《民法典》第七百一十六条“承租人经出租人同意，可以将租赁物转租给第三人。承租人转租的，承租人与出租人之间的租赁合同继续有效；第三人造成租赁物损失的，承租人应当赔偿损失。承租人未经出租人同意转租的，出租人可以解除合同”之规定，张某有权解除租赁合同，路某应向张某致歉。

调解员建议，双方继续保持租赁关系，张某适当上涨租金，平时房屋事务仍交由路某打理。张某和路某均表示接受，达成以下协议：(1)重新签订合同，房屋继续租给路某；(2)双方同意下一年租金上调至8.5万元，并逐年递增0.5万元。

案例五　标的物瑕疵的租赁合同纠纷

某日，杨某与房东王某签订房屋租赁合同，租期为1年，合同签订当日，杨某向王某支付租金13,000元、押金4300元。次日，杨某找了家政打扫卫生，支付了清洁费400元，后又预存燃气费100元、电费200元。

不久，杨某入住该房，发现屋子装修味道特别大，杨某和家人均出现胸闷、头晕的情况，杨某立即联系朋友询问装修情况，被告知该房屋新装修才一个多月，杨某认为这样的房屋会严重危害家人健康，便与房东王某沟通，未果。后杨某做了全屋环保检测，检测报告显示该房屋甲醛、甲苯超标。杨某向房调委申请调解。

杨某表示，该房屋甲醛超标，味道很大，根本无法住人。同时，杨某出示了检测报告，报告指出该房屋所有的房间甲醛含量均超标。王某对报告表示无异议，但认为双方应当严格按照合同的内容执行，并向调解员提供了相关聊天记录，证明其事先将装修时间主动告知了杨某的朋友，也因此租金从 16,000 元/年降低到了 13,000 元/年。

解析

调解员认为，本案的争议焦点在于杨某能否要求解除双方之间的房屋租赁合同。调解员指出，《民法典》第七百三十一条规定："租赁物危及承租人的安全或者健康的，即使承租人订立合同时明知该租赁物质量不合格，承租人仍然可以随时解除合同。"本案中，案涉房屋甲醛超标可能影响承租人身体健康，杨某依法可以随时解除合同。听完调解员对法律条款的解释说明后，当事双方均无异议。

至此，双方争议的焦点就集中在了租金、押金、保洁费等费用的分担问题上。调解员指出，杨某身为承租人没有亲自查看房屋，未对承租房屋做充分的了解就签订租赁合同，也存在不妥之处。在听完调解员的解释后，双方均认识到自身行为有不当的地方，达成以下协议：(1)当日杨某与王某解除租赁合同；(2)王某退还杨某租金、押金共计 15,000 元，杨某搬离；(3)保洁费、燃气费、电费、检测费由杨某自行承担。

案例六　物业服务合同纠纷

喀某购房并与物业公司签订了物业服务协议。第二年，物业公司向喀某收取物业费时，喀某以购买房屋存在多处质量问题为由，拒缴纳物业费用。双方到镇物调委申请调解。

解析

调解员了解到喀某家房屋墙体确实存在几处裂缝，房屋预埋水管有渗漏现象。随后，调解员又来到物业公司询问情况，并详细查看物业公司相关报修记录。记录显示物业公司对喀某报修水管及裂缝墙体的申请已多次协调房产公司解决，房产公司虽派人进行过维修，但没有从根本上解决喀某房屋问题。物业公司认为，喀某主张的房屋质量问题是业主与房产公司之间的问题，与物业公司无关。物业公司已履行了应尽的义务，业主不能以房屋质量问题为由拒缴物业费。后调解员在征求申请人喀某、物业公司意见基础上追加房产公司为被申请人。

调解员指出本案中存在两个法律关系，一是喀某与物业公司之间的物业服务合同法律关系，二是喀某与房产公司之间存在的房屋买卖法律关系。其中，喀某与物业公司之间因收取物业费发生纠纷，应当按合同约定由喀某和物业公司协商解决，喀某购买的房屋出现质量问题是喀某与房产公司之间房屋买卖引发的纠纷，依法应当由房产公司与喀某协商解决。

调解员指出，根据《民法典》第九百四十四条第一款“业主应当按照约定向物业服务人支付物业费。物业服务人已经按照约定和有关规定提供服务的，业主不得以未接受或者无需接受相关物业服务为由拒绝支付物业费”之规定，本案中物业公司在喀某报告房屋瑕疵时，物业公司多次联系房屋开发商维修，按物业协议约定尽到物业责任，作为业主就应当依合同约定按期缴纳物业费。

关于房屋品质瑕疵由谁来承担责任的问题，调解员指出，《建设工程质量管理条例》第四十条规定：“在正常使用条件下，建设工程的最低保修期限为：……（二）屋面防水工程、有防水要求的卫生间、房间和外墙面的防渗漏，为 5 年……（四）电气管线、给排水管道、设备安装和装修工程，为 2 年……建设工程的保修期，自竣工验收合格之日起计算。”第四十一条规定：“建设工程在保修范围和保修期限内发生质量问题的，施工单位应当履行保修义务，并对造成的损失承担赔偿责任。”本案中喀某房屋质量问题应由房产公司负责协调解决，并对造成的损失履行赔偿责任。经调解员讲解，房产公司愿意委托物业公司对喀某房屋漏水问题进行维修，并赔偿喀某相关损失。

经过调解员的耐心劝解，三方达成以下协议：（1）房产公司委托物业公司对喀某家房屋品质问题进行彻底维修，房产公司承担维修费并赔偿喀某经济损失 15，000 元；（2）喀某向物业公司补交拖欠的物业费 1487.24 元。

操作提示

调解债务纠纷，需要注意的是防止当事人利用人民调解对虚假的债务进行调解。那么，如何才能有效地识别虚假的债务？笔者建议，调解员可以参照最高人民法院《关于审理民间借贷案件适用法律若干问题的规定》第十八条之规定予以防范:"人民法院审理民间借贷纠纷案件时发现有下列情形之一的,应当严格审查借贷发生的原因、时间、地点、款项来源、交付方式、款项流向以及借贷双方的关系、经济状况等事实,综合判断是否属于虚假民事诉讼:

(一)出借人明显不具备出借能力;

(二)出借人起诉所依据的事实和理由明显不符合常理;

(三)出借人不能提交债权凭证或者提交的债权凭证存在伪造的可能;

(四)当事人双方在一定期限内多次参加民间借贷诉讼;

(五)当事人无正当理由拒不到庭参加诉讼,委托代理人对借贷事实陈述不清或者陈述前后矛盾;

(六)当事人双方对借贷事实的发生没有任何争议或者诉辩明显不符合常理;

(七)借款人的配偶或者合伙人、案外人的其他债权人提出有事实依据的异议;

(八)当事人在其他纠纷中存在低价转让财产的情形;

(九)当事人不正当放弃权利;

(十)其他可能存在虚假民间借贷诉讼的情形。"

第三节

人身权、隐私权等人格权纠纷

人格权纠纷，是指因人格权受到侵犯而引起的侵权责任纠纷。人格权包含民事主体享有的生命权、身体权、健康权、姓名权、名称权、肖像权、名誉权、荣誉权、隐私权等权利。

在人民调解实务工作中，常见的人格权纠纷包括生命权纠纷、身体权纠纷、健康权纠纷、姓名权纠纷及隐私权纠纷等多种纠纷种类。尤其是近年来因安装摄像头侵犯他人隐私权的现象时有发生，由此产生的隐私权纠纷也不断增多。对此，调解员有必要对人格权纠纷相关的知识予以重视。

一、调解人格权纠纷的法律依据

（一）人格权一般规定

《民法典》第九百九十条规定：人格权是民事主体享有的生命权、身体权、健康权、姓名权、名称权、肖像权、名誉权、荣誉权、隐私权等权利。

除前款规定的人格权外，自然人享有基于人身自由、人格尊严产生的其他人格权益。

(二)关于生命权、身体权和健康权

《民法典》第一千零二条规定:自然人享有生命权。自然人的生命安全和生命尊严受法律保护。任何组织或者个人不得侵害他人的生命权。

《民法典》第一千零三条规定:自然人享有身体权。自然人的身体完整和行动自由受法律保护。任何组织或者个人不得侵害他人的身体权。

《民法典》第一千零四条规定:自然人享有健康权。自然人的身心健康受法律保护。任何组织或者个人不得侵害他人的健康权。

(三)关于名誉权和荣誉权

《民法典》第一千零二十四条规定:民事主体享有名誉权。任何组织或者个人不得以侮辱、诽谤等方式侵害他人的名誉权。

名誉是对民事主体的品德、声望、才能、信用等的社会评价。

(四)关于隐私权和个人信息保护

《民法典》第一千零三十二条规定:自然人享有隐私权。任何组织或者个人不得以刺探、侵扰、泄露、公开等方式侵害他人的隐私权。

隐私是自然人的私人生活安宁和不愿为他人知晓的私密空间、私密活动、私密信息。

《民法典》第一千零三十三条规定:"除法律另有规定或者权利人明确同意外,任何组织或者个人不得实施下列行为:

(一)以电话、短信、即时通讯工具、电子邮件、传单等方式侵扰他人的私人生活安宁;

（二）进入、拍摄、窥视他人的住宅、宾馆房间等私密空间；

（三）拍摄、窥视、窃听、公开他人的私密活动；

（四）拍摄、窥视他人身体的私密部位；

（五）处理他人的私密信息；

（六）以其他方式侵害他人的隐私权。”

二、调解人格权纠纷参考案例

案例一 隐私权纠纷

黄某和施某系前后邻居。施某在自家房屋各处安装8个摄像头，其中有2个正对邻居每日的必经之路，屋后安装的2个摄像头则会拍摄到黄某的庭院，1个360度旋转带录音功能的摄像头可以拍摄到黄某的整栋房屋，严重影响了黄某的正常生活。镇调委会受理该案件。

施某表示，其安装的摄像头只对准公共区域，可以拍摄到黄某整栋房屋的360度旋转带录音功能摄像头已按黄某要求进行遮挡，如今拍摄范围仅限于自家小菜地，故施某认为自身做法没有任何问题。黄某则表示，家人说话出行都在施某的监控范围之内，隐私权受到严重侵犯，所以强烈要求施某拆除屋后的2个摄像头、公共区域的2个摄像头和其中1个360度摄像头。

解析

在调解过程中，调解员向双方当事人指出，本案的矛盾焦点是在私人领域安装摄像头的行为是否侵犯邻居隐私权。就该矛盾，调解员首先从法律层面进行释义，《民法典》第一千零三十二条规定，自然人享有隐私权。《民法典》第一千零三十三条第二项规定，除法律另有规定或者权利人明确同意外，任何组织或者个人不得实施进入、拍摄、窥视他人的住宅、宾馆房间等私密空间的行为。在私人领域安装摄像头的行为属于公民合法权利，但权利的行使不应当侵犯他人的合法权利。施某在未经邻居黄某同意的情况下在私人领域安装摄像头，所安装的摄像头确实存在拍摄他人私人空间、窃听他人私人活动的事实，侵犯了黄某及其家人的隐私权。因此，建议施某尽快拆卸或调整摄像头。

经调解员解释后，施某愿意按照邻居的要求进行整改，拆除 2 个拍摄公共领域的摄像头，并将屋后的 2 个录音摄像头更换为不具备录音功能的普通摄像头。但关于整改方案，施某也提出了两点自己的要求，一是把 360 度球形摄像头换成枪形摄像头，二是要求黄某把设置在其回家路上的 3 个彩旗桩拆除。对于上述要求，黄某表示愿意拆除 3 个彩旗桩。双方握手言和，并签订了调解协议：(1)一周内，施某拆除公共区域摄像头，将 360 度球形摄像头改成固定枪形摄像头，更换录音摄像头为普通摄像头；(2)一周内，黄某拆除路上的 3 个彩旗桩。

案例二　人身损害赔偿纠纷

王某与孟某系大学在读学生。某日下午，王某与孟某在公寓内发生肢体冲突，王某被打耳光数十下，其随即报警。民警到场后了解到，双方因王某在朋友圈发布的辱骂性文字内容引发纠纷，故发生肢体冲突，王某面部损伤构成轻微伤。王某要求孟某赔礼道歉并赔偿医疗费、精神损失费 10 万元。公安机关将该案委托调委会调解。

王某表示，其与孟某系大一同班同学，因感情要好所以选择居住在同一寝室，在大二分系时，虽然选择了各自的专业，但双方并没有搬离原先的宿舍，后双方有了矛盾。该起纠纷发生后，自己除了身体上的伤害以外，心理也受到了创伤，已没脸再去学校上课。

孟某表示，其与王某本是很要好的同学，但因性格不合产生了矛盾。纠纷发生前，孟某看到了王某在朋友圈辱骂自己的内容，情绪十分激动，冲动之下便打了王某。调解员在与孟某的沟通中感受到了孟某对此事的后怕，及因其冲动对王某造成身体伤害的悔意，但孟某表示无法接受10万元的赔偿诉求，仅愿意支付3万元的赔偿金。

解析

调解员对孟某说，《民法典》第一千零四条规定："自然人享有健康权。自然人的身心健康受法律保护。任何组织或者个人不得侵害他人的健康权。"同时，《民法典》第一千一百七十九条规定："侵害他人造成人身损害的，应当赔偿医疗费、护理费、交通费、营养费、住院伙食补助费等为治疗和康复支出的合理费用，以及因误工减少的收入。造成残疾的，还应当赔偿辅助器具费和残疾赔偿金；造成死亡的，还应当赔偿丧葬费和死亡赔偿金。"王某的辱骂性言语虽然不对，但你是完全民事行为能力人，选择采用暴力行为解决，不仅方式错误，且造成王某身体伤害和心理创伤，应承担法律责任，但考虑到王某提出的赔偿金额较高，调解员表示会协商出一个合理的数额。

随后，调解员对王某说，《民法典》第九百九十一条规定："民事主体的人格权受法律保护，任何组织或者个人不得侵害。"同时，《民法典》第一千零二十四条第一款规定："民事主体享有名誉权。任何组织或者个人不得以侮辱、诽谤等方式侵害他人的名誉权。"虽然孟某打人不对，你也不应该通过网络攻击对方，在此次纠纷中自身行为存在问题。双方各自认识到自己的错误，双方达成以下协议：(1)孟某针对殴打王某致其轻微伤的行为，向王某道歉；(2)经双方协商一致，孟某赔偿王某总计5万元；(3)王某对其在朋友圈发布有关孟某的辱骂性质文字的情况，向孟某道歉。

操作提示

一、人格权侵权的构成要件

人格权侵权由侵权行为、损害结果、主观过错、因果关系四个构成要件组成。

二、人格权侵权的承担方式

人格权侵权责任承担方式包括：停止侵害、排除妨害、消除危险、赔偿损失、赔礼道歉、消除影响、恢复名誉。上述责任承担方式，可以单独适用，也可以合并适用。

三、人身损害赔偿的范围

1. 一般赔偿(尚未造成被侵害人伤残、死亡后果)：医疗费、护理费、交通费、营养费、住院伙食补助费、误工费、因治疗和康复所支出的其他合理费用。

2. 造成残疾的损害赔偿：侵害造成他人残疾的，除人身损害的一般赔偿项目以外，还应当赔偿受害人辅助器具费和残疾赔偿金。

3. 造成死亡的赔偿：侵害造成他人死亡的，除人身损害的一般赔偿项目以外，还应当赔偿丧葬费和死亡赔偿金。

第四节

婚姻家庭纠纷

婚姻家庭纠纷，是指发生在以婚姻和血缘为纽带的夫妻、父母、子女及生活在一起的其他亲属之间，涉及人身、财产等民事权利义务的民间纠纷。人民调解主要涉及婚约财产纠纷、离婚纠纷、抚养纠纷、赡养纠纷等。

由于该类纠纷基本在熟人与亲戚之间发生，具有其特殊之处，因此调解员处理这类纠纷不仅要知晓相关的法律知识，更需要有丰富的社会阅历，然后在亲属熟人之间达到利益的平衡，实现实质化解社会矛盾之目的。

一、处理常见的婚姻家庭纠纷的法律依据

(一)关于夫妻关系的规定

《民法典》第一千零五十七条规定：夫妻双方都有参加生产、工作、学习和社会活动的自由，一方不得对另一方加以限制或者干涉。

《民法典》第一千零五十八条规定：夫妻双方平等享有对未成年子女抚养、教育和保护的权利，共同承担对未成年子女抚养、教育和保护的义务。

（二）关于夫妻共同财产的规定

《民法典》第一千零六十二条规定："夫妻在婚姻关系存续期间所得的下列财产，为夫妻的共同财产，归夫妻共同所有：

（一）工资、奖金、劳务报酬；

（二）生产、经营、投资的收益；

（三）知识产权的收益；

（四）继承或者受赠的财产，但是本法第一千零六十三条第三项规定的除外；

（五）其他应当归共同所有的财产。

夫妻对共同财产，有平等的处理权。"

《民法典》第一千零六十三条规定："下列财产为夫妻一方的个人财产：

（一）一方的婚前财产；

（二）一方因受到人身损害获得的赔偿或者补偿；

（三）遗嘱或者赠与合同中确定只归一方的财产；

（四）一方专用的生活用品；

（五）其他应当归一方的财产。"

（三）关于夫妻共同债务的规定

《民法典》第一千零六十四条规定：夫妻双方共同签名或者夫妻一方事后追认等共同意思表示所负的债务，以及夫妻一方在婚姻关系存续期间以个人名义为家庭日常生活需要所负的债务，属于夫妻共同债务。

夫妻一方在婚姻关系存续期间以个人名义超出家庭日常生活需要所负的债务，不属于夫妻共同债务；但是，债权人能够证明该债务用于夫妻共同生活、共同生产经营或者基于夫妻双方共同意思表示的除外。

(四)关于抚养孩子与赡养老人的规定

《民法典》第一千零六十七条规定：父母不履行抚养义务的，未成年子女或者不能独立生活的成年子女，有要求父母给付抚养费的权利。

成年子女不履行赡养义务的，缺乏劳动能力或者生活困难的父母，有要求成年子女给付赡养费的权利。

(五)关于离婚条件的规定

《民法典》第一千零七十九条规定："夫妻一方要求离婚的，可以由有关组织进行调解或者直接向人民法院提起离婚诉讼。

人民法院审理离婚案件，应当进行调解；如果感情确已破裂，调解无效的，应当准予离婚。

有下列情形之一，调解无效的，应当准予离婚：

(一)重婚或者与他人同居；

(二)实施家庭暴力或者虐待、遗弃家庭成员；

(三)有赌博、吸毒等恶习屡教不改；

(四)因感情不和分居满二年；

(五)其他导致夫妻感情破裂的情形。

一方被宣告失踪，另一方提起离婚诉讼的，应当准予离婚。

经人民法院判决不准离婚后，双方又分居满一年，一方再次提起离婚诉讼的，应当准予离婚。"

(六)关于离婚后孩子抚养、探望的规定

《民法典》第一千零八十四条规定：父母与子女间的关系，不因父母离婚而消除。离婚后，子女无论由父或者母直接抚养，仍

是父母双方的子女。

离婚后，父母对于子女仍有抚养、教育、保护的权利和义务。

离婚后，不满两周岁的子女，以由母亲直接抚养为原则。已满两周岁的子女，父母双方对抚养问题协议不成的，由人民法院根据双方的具体情况，按照最有利于未成年子女的原则判决。子女已满八周岁的，应当尊重其真实意愿。

《民法典》第一千零八十五条规定：离婚后，子女由一方直接抚养的，另一方应当负担部分或者全部抚养费。负担费用的多少和期限的长短，由双方协议；协议不成的，由人民法院判决。

前款规定的协议或者判决，不妨碍子女在必要时向父母任何一方提出超过协议或者判决原定数额的合理要求。

《民法典》第一千零八十六条规定：离婚后，不直接抚养子女的父或者母，有探望子女的权利，另一方有协助的义务。

行使探望权利的方式、时间由当事人协议；协议不成的，由人民法院判决。

父或者母探望子女，不利于子女身心健康的，由人民法院依法中止探望；中止的事由消失后，应当恢复探望。

（七）关于彩礼的规定

最高人民法院《关于适用〈中华人民共和国民法典〉婚姻家庭编的解释（一）》第五条规定："当事人请求返还按照习俗给付的彩礼的，如果查明属于以下情形，人民法院应当予以支持：

（一）双方未办理结婚登记手续；

（二）双方办理结婚登记手续但确未共同生活；

（三）婚前给付并导致给付人生活困难。

适用前款第二项、第三项的规定，应当以双方离婚为条件。"

二、调解婚姻与家庭纠纷参考案例

案例一 夫妻感情纠纷

闫某(男)与蔡某(女)相识恋爱,婚后育有一女。闫某系初婚,比蔡某大8岁,蔡某系二婚,与前夫育有一子,儿子判给前夫。结婚初始夫妻恩爱,但随着时间推移,恩爱逐渐被生活纷争所替代。蔡某不能容忍闫某生活邋遢,对其鲁莽的性格更是无法忍受,从开始的劝告逐步演变为指责。而闫某也逐渐对蔡某的指责丧失了包容心,甚至因冲动打过蔡某,并且不许蔡某看望与前夫生的儿子和支付抚养费,最后甚至闹到要离婚。某日,二人到村调委会,希望矛盾得到调解。

解析

调解员了解到:闫某三十多岁才通过相亲成家,非常珍惜现在的生活,但蔡某因年纪比较小,没有工作,性格强势,对自己的小毛病总是频繁唠叨,没忍住动手打了蔡某。蔡某说,自己没有收入,但每天勤俭持家、带孩子、收拾家务,将家里打扫得干干净净。闫某回家后,不体谅自己的辛苦,时常将鞋袜、脏衣随意乱扔,她希望闫某讲究个人卫生,体谅自己的不易,可闫某非但不听,还曾动手打过自己,又禁止自己去看望大儿子、支付抚养费。

调解员向闫某指出,《反家庭暴力法》第三十三条规定:“加害人实施家庭暴力,构成违反治安管理行为的,依法给予治安管理处罚;构成犯罪的,依法追究刑事责任。”闫某动手打骂蔡某的行为违反该法律规定,如果情节严重,则需承担法律责任。闫某这才意识到自己打人的严重性,并对自己当时的行为感到很懊悔。

蔡某听闻闫某可能要被追究法律责任，当即表示，其实闫某动手都是雷声大雨点小，只是轻微推搡，自己从未因此受伤。

调解员根据双方的陈述，认为夫妻双方还是有一定的感情基础，事实上也不想真的离婚。首先向闫某指出，《民法典》第一千零四十三条规定："家庭应当树立优良家风，弘扬家庭美德，重视家庭文明建设。夫妻应当互相忠实，互相尊重，互相关爱；家庭成员应当敬老爱幼，互相帮助，维护平等、和睦、文明的婚姻家庭关系。"妻子蔡某为了家庭付出较多，女儿刚刚满 3 岁，对女儿的照料已经牵扯蔡某较大精力，再加之家庭劳务的琐碎，非常辛苦。闫某作为丈夫，要爱护妻子，体谅妻子，成为妻子可以依靠的对象。

对于蔡某探望与前夫所生孩子的事，调解员向闫某解释，《民法典》第一千零八十四条第一款、第二款规定："父母与子女间的关系，不因父母离婚而消除。离婚后，子女无论由父或者母直接抚养，仍是父母双方的子女。离婚后，父母对于子女仍有抚养、教育、保护的权利和义务。"大儿子也是蔡某的孩子，也是母亲的心头肉，闫某阻止蔡某看望儿子，既不合情也不合法。

闫某表示已认识到自己做法欠妥。妻子蔡某也反省自己不够智慧。经调解，双方自愿达成以下协议：(1)闫某书面承诺在以后的家庭生活中不以任何理由对蔡某动手，家庭日常经济由蔡某掌管，除日常生活事务外的家庭大事双方协商决定；(2)闫某不再阻止蔡某正常看望蔡某与前夫所生儿子；(3)闫某在今后的生活中爱护家庭，注意个人卫生，空闲时主动承担家务；(4)蔡某改变沟通方式，关心尊重丈夫，有事商议做。

案例二　夫妻离婚纠纷

陈某某与李某两人结婚多年，育有一子陈某。婚后，陈某某游手好闲、经常酗酒，对妻子李某和儿子陈某感情冷漠，多次于酒后殴打李某，有报警记录。某日，李某向村调委会提出申请，希望说服丈夫与其离婚。

李某表示，自己和陈某某的婚姻早已名存实亡，陈某某既不能为家庭提供经济上的支持，也不能提供家务生活上的扶持，甚至经常酗酒，对自己实行家暴，且两人生活习惯差异较大，已丧失婚姻存续的基础，无共同生活的必要。陈某某表示自己也多次尝试改掉酗酒，打骂家人的恶习，但行为经常不受自己控制。

解析

调解员首先询问双方是否还愿意继续婚姻关系。在得到李某的否定回答后，调解员觉得婚姻挽回的可能性不大，决定与两人协商离婚的事情。

调解员首先向当事人讲解了相关法律。《民法典》第一千零四十三条规定："家庭应当树立优良家风，弘扬家庭美德，重视家庭文明建设。夫妻应当互相忠实，互相尊重，互相关爱；家庭成员应当敬老爱幼，互相帮助，维护平等、和睦、文明的婚姻家庭关系。"第一千零七十九条规定："夫妻一方要求离婚的，可以由有关组织进行调解或者直接向人民法院提起离婚诉讼。人民法院审理离婚案件，应当进行调解；如果感情确已破裂，调解无效的，应当准予离婚。有下列情形之一，调解无效的，应当准予离婚：（一）重婚或者与他人同居；（二）实施家庭暴力或者虐待、遗弃家庭成员……”

调解员根据上述规定，向陈某某指出了其多年来酗酒、家暴行为对婚姻家庭的伤害，同时指出其行为严重违背了前述法律规定，是对家庭的极端不负责任，也是造成二人家庭破裂的根本原因。在听到调解员的分析后，陈某某向李某进行道歉，并同意离婚。

关于对陈某的抚养权，调解员指出，《民法典》第一千零八十四条规定：“父母与子女间的关系，不因父母离婚而消除。离婚后，子女无论由父或者母直接抚养，仍是父母双方的子女。离婚后，父母对于子女仍有抚养、教育、保护的权利和义务。离婚后，不满两周岁的子女，以由母亲直接抚养为原则。已满两周岁的子女，父母双方对抚养问题协议不成的，由人民法院根据双方的具体情况，按照最有利于未成年子女的原则判决。子女已满八周岁的，应当尊重其真实意愿。”结合本案，陈某已满 14 周岁，应当尊重其真实意愿。李某表示，已在调解前询问了陈某的意见，陈某表示愿意和自己生活。调解员当即与陈某取得联系，并确认李某说法属实。

在调解员释明法理和提出相关建议后，双方达成离婚协议：(1)李某与陈某某达成一致意见，自愿离婚；(2)离婚后，李某与陈某某婚后购买的一套楼房所有权归李某所有，陈某某拥有该房屋的居住权，行使居住权应尊重李某意见，不可强行居住，后期双方当事人所在村的拆迁安置房所有权及拆迁安置过渡费归双方当事人独立所有，另一方不可干涉；(3)双方当事人购置的汽车，所有权归李某所有；(4)双方名下其他私有财产，如首饰、衣物等归各自所有；(5)陈某某向李某支付 10,000 元作为家庭暴力损害赔偿;(6)双方当事人的儿子陈某由李某抚养,陈某某每月向李某支付抚养费1500元。

经回访,当事人已经办理了离婚手续,并均对调解结果表示满意。陈某某表示,李某表示愿意在其改掉恶习后,考虑再给自己回归家庭的机会。

案例三　订婚彩礼纠纷

王某与赵某确定恋爱关系后,开始商量筹备订婚相关事宜。王家人准备了彩礼6万元,花费了1万元为赵某购买了金银首饰,并置办了订婚仪式。之后,因各种原因未办理结婚登记。相处中,王某发现赵某跟前男友还有联系,经追问,赵某与其订婚是不得已作出的决定,事实上并不想与王某结婚。于是王某提出退婚,并要求赵某返还彩礼、金银首饰、置办酒席以及恋爱期间王某为赵某购买礼物等费用支出,但遭到赵某及其父母拒绝。调委会受理了此纠纷,并进行调解。

赵某父母认为,按照中国的习俗,如果男方提出退婚,彩礼钱就不能再要回,如果女方提出退婚,彩礼钱才能返还;王某与赵某已经订婚,婚约正式缔结,彩礼其实就是定金,因为退婚,自己女儿的名誉受损,这笔钱就作为补偿不会返还,王某无权要求另一方返还定金。

解析

针对赵某父母的说法,调解员指出,根据最高人民法院《关于适用〈中华人民共和国民法典〉婚姻家庭编的解释(一)》第五条第一款"当事人请求返还按照习俗给付的彩礼的,如果查明属于以下情形，人民法院应当予以支持：（一）双方未办理结婚登记手续；（二）双方办理结婚登记手续但确未共同生活；（三）婚前给付并导致给付人生活困难”之规定，王某和赵某属于第一项列明的情形，尚未办理结婚登记手续，不论哪一方当事人提出退婚，彩礼都应当返还。调解员还从情理上耐心劝说赵某的父母，退婚的发生主要是因赵某的过错，如果事情闹大，传出去对赵某来说损失更大。经过一番劝说，赵某父母表示，彩礼钱和首饰愿意归还，但因手头紧，希望对方可以宽限 1 个月。

接着，调解员从法律和情理的角度又做了王某的工作，让王某明白，恋爱期间双方互送的礼物以及送给对方家人的礼物，在法律上属于赠与，赵家可不返还；至于置办酒席的花费，不属于彩礼范围，且事先未约定由女方承担或部分承担，赵家也可不予返还。在情理上，双方相处比较愉快的，均给予了对方一定的情绪价值，其购买礼物、置办酒席也是自愿的。最终，在调解员的组织下，双方签订调解协议书，内容如下：（1）双方自愿解除婚约；（2）赵家于 30 日内返还王家彩礼 6 万元，并将购买的金银首饰悉数归还；（3）婚约解除后王家无权干涉赵某与他人的婚姻恋爱自由。

案例四　赡养老人纠纷

郭某已年近百岁，配偶已故。郭某有 5 个子女，分别是大女儿王某甲 70 岁，二儿子王某乙 67 岁，三儿子王某丙 63 岁，四女儿王某丁 60 岁，小儿子王某戊 58 岁。

按照以往约定，郭某由 3 个儿子轮流照顾。轮到小儿子王某戊负责照顾时，因其已定居外地多年，遂将老母托付给王某乙照顾，并支付王某乙2万元。王某乙却瞒着众人将郭某送到养老院生活。郭某不幸摔倒致大腿粉碎性骨折，四女儿王某丁听说后，将郭某送至医院。因郭某年龄大，以后只能卧床生活，护理难度加大。一家人为郭某的后续赡养问题召开家庭会议，因意见不一致发生争吵，王某乙一气之下将母亲郭某抬至街道办事处楼下，弃之不管。街道调委会介入。

王某甲表示，她是嫁出去的女儿，且自己也已经70多岁了，无力再进行护理，但是愿意出钱；王某乙表示，自己夫妻俩都是残疾人，实在无力再护理老母亲；王某丙表示，根据大家共同的意愿，以任何方式赡养都可以接受；王某丁表示，自己离过婚，新的家庭不可能接受她将老母亲接过去，且自己经济也不宽裕、身体也不好；王某戊表示，自己愿意赡养老母亲，奈何老母亲不愿远行，只好尊重母亲意愿。

解析

面对面调解过程中大家一直推诿指责，认为是王某乙私自将郭某送进养老院才导致其摔倒，大家都责怪王某乙。王某乙心中有气，表示自己年轻时父母就对自己不公平，在自己还未成年时，就让自己分家单过，加之其腿有残疾，组建家庭与维持家庭耗尽自己一生心血。现年至古稀还要受亲人谴责，实在想不通，情绪激动之时，王某乙甚至在调解室与大姐夫扭打起来。调解员只好让他们回家冷静，第一次调解就此中止。

调解员分别与五兄弟姐妹进行第二次调解，并分别向五兄弟姐妹进行了法律讲解。《民法典》第二十六条规定："父母对未成年子女负有抚养、教育和保护的义务。成年子女对父母负有赡养、扶助和保护的义务。”第一千零六十七条规定：“……成年子女不履行赡养义务的，缺乏劳动能力或者生活困难的父母，有要求成年子女给付赡养费的权利。”《老年人权益保障法》第十五条规定：“赡养人应当使患病的老年人及时得到治疗和护理；对经济困难的老年人，应当提供医疗费用。对生活不能自理的老年人，赡养人应当承担照料责任；不能亲自照料的，可以按照老年人的意愿委托他人或者养老机构等照料。”

据此，调解员向五兄弟姐妹指出，赡养老人是法律规定的子女应尽的义务，而且是法定义务，亦是中华民族的传统美德。从情理出发，从前郭某辛苦将 5 个子女抚养长大，如今生病需要子女关心照顾的时候，子女却因为畏难情绪拒绝照顾，甚至多次发生冲突，致使年近百岁的郭某无人赡养。郭某已近百岁，这是多么难得的福分，做子女的应该珍惜这份福气，联合起来，将老母亲照顾好。

大家互相推诿指责，不仅伤害家庭亲情，而且违法，同时也损害自己在周围人中的名声。调解员批评道，王某甲等 5 人作为子女，无论有什么理由，推诿不履行赡养郭某的义务，从法理情理上都是立不住脚的。

通过耐心的说服工作，五兄弟姐妹均表示愿意用心照顾郭某。经调解员主持，在尊重郭某意愿的前提下，五兄弟姐妹达成调解协议：(1)五兄弟姐妹均对郭某负有赡养义务，均应该支付赡养费；(2)根据郭某自身意愿，仍由三兄弟轮流照顾，半年一轮换，小儿子王某戊虽定居外地，但轮到他之时，必须回到本地照看郭某；(3)五兄弟姐妹每人每月需支付赡养费人民币 500 元整，轮值照顾之人可不支付；(4)郭某生病或逝世所产生的费用，均由五兄弟姐妹共同承担；(5)五兄弟姐妹需定期看望郭某，履行赡养义务。

操作提示

由于家庭婚姻纠纷的特殊性，调解员应注意以下事项。

1. 谚语“宁拆十座庙，不拆一桩婚”蕴含的道理未必正确。夫妻之间产生矛盾要离婚，传统观念是“劝和不劝离”，劝解者总是想方设法帮助双方重归于好。但该观念在当今社会未必正确。所谓“如人饮水，冷暖自知”，夫妻之间产生矛盾是要继续还是尽快结束婚姻关系，只有当事人自己最清楚。因此，调解员在处理夫妻婚姻纠纷时，如确系琐事引发的矛盾，没有其他问题时，应尽可能使双方重归于好。但若发现一方存在原则问题或双方三观不合，则无须一厢情愿极力劝和，应尊重当事人的真实意愿。

2. 发现家暴等违法犯罪行为要及时报告相关单位。家庭暴力，是指家庭成员之间以殴打、捆绑、残害、限制人身自由以及经常性谩骂、恐吓等方式实施的损害身体、精神等侵害行为。2015年，国家为了预防和制止家庭暴力制定了《反家庭暴力法》。面对遭受家庭暴力的受害者的求助，如果发现家暴情节轻微，在征得被害人同意的前提下，调解员可以开展调解工作，预防和减少家庭暴力的发生。如果发现有构成刑事案件的可能性，要果断报告公安机关或引导当事人报警，也可以告知当事人可以向人民法院申请人身安全保护令。

3. 谚语“清官难断家务事”确实有道理。如果调解员在调解过程中好心去批评犯错的一方，两人突然和好还会调转矛头埋怨调解员多管闲事。家务事之所以难处理，在于其存在错综复杂的情感和利益纠葛，而不似普通民事案件。因此，对于夫妻、家庭之间的纠纷，特别是经年累月、各种矛盾纠纷交织在一起的纠纷，调解员没有了解全貌的必要，也无须将是非对错盘点清楚，否则非但起不到应有的效果，还可能出力不讨好。

4. 要善于利用多种调解方法。笔者曾说，调解邻里纠纷要充分利用第三方的力量。而家庭夫妻间的纠纷更适合利用家庭、夫妻的亲属进行调解处理。原因在于双方的近亲属或许对纠纷的前因后果、来龙去脉更为清楚，因此更能抓住纠纷的本质，从源头上彻底化解纠纷。此外，社会地位较高或辈分较长，且有社会和家庭威信的人参与家庭纠纷，或许更能发挥外人无法达到的效果。比如，婆媳纠纷，邀请保持中立地位的舅舅去调解纠纷，可能会起到很好的效果。

小　结

本章对发生在民间的一般纠纷及其调解方法和调解过程，进行了分类介绍和分析，具有指导意义。

一般纠纷可以分为四大类，这四大类纠纷具有各自的特点，调解员在调解过程中理应根据案件的特点，选取和采用相应的调解方法和手段，只有这种有针对性的、适合案件特点的调解，才能起到解决纠纷的作用，达到彻底化解矛盾的目标。

1. 对于宅基地、排水、噪声等相邻关系纠纷，调解员首先需要的是“查清事实”，在这“查清事实”的基础上，才能“分清责任”。众所周知，“没有调查就没有发言权”，这一普遍适用的公理在调解过程中，同样重要。针对这类相邻关系纠纷，调解员不能只听当事人陈述，最好进行实地调查探访，对纠纷事实形成一个比较客观的认识和掌握，也可据此对当事人具有偏向性的陈述进行具有说服力的纠正，也为“分清责任、达成协议”打下基础。

2. 对于买卖、借款、租赁等合同纠纷，调解员需要根据合同的特质，即双方当事人的自由意志行为这一本质予以展开。我们知道，私法领域遵循“约定优先”原则，当事人意思自治是基本原则，签订合同只要不违背法律的强制性规定和公序良俗等，就是有效的。为此，调解员在调解这类纠纷时，需要重视调解不同于诉讼的灵活性，即调解不必局限于当事人的诉求，而是通过调解员的调查和探访工作，了解双方的真实意思和想法，为双方搭建好沟通平台，寻找更优的、彻底化解纠纷的方案。

3. 对于人身权、隐私权等人格权纠纷，调解员需要掌握这类案件的“人身性”，即人格和身份性，尤其是其中的人格属性，必须得到重视。这类纠纷的当事人是什么样的人，其职业、身份、受教育水平、家庭背景等个人因素，需要得到了解，并进行有针对性的调解。之所以这样做，不是说当事人的人格不平等，而是不同的当事人对调解的话术和方式有不同的需求和接受度。针对只有小学初中文化的家庭主妇，和案例中发生纠纷的大学生，需要用不同的语言和方法进行调解，前者可能更需要调解员详细认真地摆事实讲道理，耐心认真，娓娓道来，而后者则只要直指问题核心，简洁明了，注重效率。

4. 对于婚姻家庭纠纷，这类纠纷混合着各种关系，这些关系往往不难厘清，但不能武断处理。调解员则需要更多的细心、敏锐和耐心，善于发现其中的难点和突破点。通过面对面或背对背的调查了解，调解员需要对其中的感情问题有一个基本的判断，比如夫妻感情纠纷，如果感情确已破裂，双方当事人态度比较坚决，没有挽回的余地，那么调解员就应该尊重当事人的意愿，及时调整调解方向；对于其中的财产纠纷，则需要保持最大限度的客观公正，在“查清事实”的基础上，根据事实情况，依据法律，“分清责任”，绝不能“和稀泥”留后患；对于赡养老人的纠纷，则需要主打“亲情牌”，一是父母子女情，另一是兄弟姐妹情，两种情感都非常重要，在调解过程中多从这个角度出发，更容易获得当事人的信任和认同，当然必要时也可以辅之以法律的讲解，这样做也可以增加调解的权威性和专业性。

本章所介绍的纠纷是发生在民间的一般纠纷，多发生于人们日常生活中，多属于日常邻里、婚姻家庭等事关衣、食、住、行，或者柴米油盐酱醋茶类的琐碎小事。虽然这些纠纷日常多见，且关系简单，是非曲直大多容易确定，但也正是因为是日常琐事，基于人们的日常状态而产生，因此不能简单化或武断处理，而是需要灵活、多元化和有针对性地解决这些纠纷。

第六章

行业性专业纠纷调解

专业化调解行业纠纷

分工是社会发展的结果,也是社会发展进化的原因。在不同的行业或社会领域内,大抵都是如此,纠纷调解也不能例外。分工使人们的工作精细化,有助于形成相应的工作规范,提高工作的规范化程度,减少出错次数或避免出错,进而提高工作效率。无论从历史,还是逻辑的角度看,分工是社会不断创新和进步的一个重要因素。

在人民调解领域,人们发现,可以根据纠纷性质的不同,对其进行分类。不同性质的纠纷,其发生的原因、表现,以及社会影响等都存在较大的差别,其解决的依据、方式、所遵循的程序等也会存在一定的、甚至较大的不同。明白这一点,非常重要。

现实中,行业性、专业性纠纷调解已然成为趋势和潮流。人们在进行行业性、专业性纠纷调解的过程中,不断积累经验教训,使得调解日益完善成熟。除一般侵权纠纷调解外,在家事纠纷调解、商事纠纷调解、劳动纠纷调解、消费纠纷调解、知识产权纠纷调解、医疗纠纷调解、银行等金融证券行业纠纷调解等方面,已经形成了一定的经验,取得了一定的成果。

可以肯定的是,人民调解在未来的发展过程中,一定会走向分工化、专业化、行业化,这一趋势不可避免。

第一节

医疗、道路交通等侵权纠纷

侵权责任,是指民事主体因实施侵权行为而应承担的民事法律后果。就人民调解而言,常见的侵权纠纷有医疗纠纷、交通事故纠纷、动物伤人纠纷、公众场所的安全纠纷及学生在学校等机构受到人身损害所产生的纠纷。由于侵权纠纷的责任认定、划分具有专业性,故需要调解员掌握关于侵权责任的法律规定。

一、处理一般侵权纠纷的法律依据

(一)侵权责任的一般规定

《民法典》第一千一百六十五条规定:行为人因过错侵害他人民事权益造成损害的,应当承担侵权责任。

依照法律规定推定行为人有过错,其不能证明自己没有过错的,应当承担侵权责任。

《民法典》第一千一百六十六条规定:行为人造成他人民事权益损害,不论行为人有无过错,法律规定应当承担侵权责任的,依照其规定。

《民法典》第一千一百六十七条规定:侵权行为危及他人人身、财产安全的,被侵权人有权请求侵权人承担停止侵害、排除妨碍、消除危险等侵权责任。

《民法典》第一千一百六十八条规定：二人以上共同实施侵权行为，造成他人损害的，应当承担连带责任。

《民法典》第一千一百七十二条规定：二人以上分别实施侵权行为造成同一损害，能够确定责任大小的，各自承担相应的责任；难以确定责任大小的，平均承担责任。

《民法典》第一千一百七十三条规定：被侵权人对同一损害的发生或者扩大有过错的，可以减轻侵权人的责任。

《民法典》第一千一百七十四条规定：损害是因受害人故意造成的，行为人不承担责任。

《民法典》第一千一百七十五条规定：损害是因第三人造成的，第三人应当承担侵权责任。

（二）关于人身损害赔偿

《民法典》第一千一百七十九条规定：侵害他人造成人身损害的，应当赔偿医疗费、护理费、交通费、营养费、住院伙食补助费等为治疗和康复支出的合理费用，以及因误工减少的收入。造成残疾的，还应当赔偿辅助器具费和残疾赔偿金；造成死亡的，还应当赔偿丧葬费和死亡赔偿金。

《民法典》第一千一百八十三条第一款规定：侵害自然人人身权益造成严重精神损害的，被侵权人有权请求精神损害赔偿。

（三）关于公众场所的安全保障义务

《民法典》第一千一百九十八条规定：宾馆、商场、银行、车站、机场、体育场馆、娱乐场所等经营场所、公共场所的经营者、管理者或者群众性活动的组织者，未尽到安全保障义务，造成他人损害的，应当承担侵权责任。

因第三人的行为造成他人损害的，由第三人承担侵权责任；经营者、管理者或者组织者未尽到安全保障义务的，承担相应的补充责任。经营者、管理者或者组织者承担补充责任后，可以向第三人追偿。

（四）关于学生在学校等机构受到人身损害的规定

《民法典》第一千一百九十九条规定：无民事行为能力人在幼儿园、学校或者其他教育机构学习、生活期间受到人身损害的，幼儿园、学校或者其他教育机构应当承担侵权责任；但是，能够证明尽到教育、管理职责的，不承担侵权责任。

《民法典》第一千二百条规定：限制民事行为能力人在学校或者其他教育机构学习、生活期间受到人身损害，学校或者其他教育机构未尽到教育、管理职责的，应当承担侵权责任。

《民法典》第一千二百零一条规定：无民事行为能力人或者限制民事行为能力人在幼儿园、学校或者其他教育机构学习、生活期间，受到幼儿园、学校或者其他教育机构以外的第三人人身损害的，由第三人承担侵权责任；幼儿园、学校或者其他教育机构未尽到管理职责的，承担相应的补充责任。幼儿园、学校或者其他教育机构承担补充责任后，可以向第三人追偿。

（五）关于道路交通事故责任

《民法典》第一千二百零九条规定：因租赁、借用等情形机动车所有人、管理人与使用人不是同一人时，发生交通事故造成损害，属于该机动车一方责任的，由机动车使用人承担赔偿责任；机动车所有人、管理人对损害的发生有过错的，承担相应的赔偿责任。

《民法典》第一千二百一十条规定：当事人之间已经以买卖或

者其他方式转让并交付机动车但是未办理登记,发生交通事故造成损害,属于该机动车一方责任的,由受让人承担赔偿责任。

《民法典》第一千二百一十二条规定:“未经允许驾驶他人机动车,发生交通事故造成损害,属于该机动车一方责任的,由机动车使用人承担赔偿责任;机动车所有人、管理人对损害的发生有过错的,承担相应的赔偿责任,但是本章另有规定的除外。”

《民法典》第一千二百一十七条规定:非营运机动车发生交通事故造成无偿搭乘人损害,属于该机动车一方责任的,应当减轻其赔偿责任,但是机动车使用人有故意或者重大过失的除外。

(六)关于医疗损害责任

《民法典》第一千二百一十八条规定:患者在诊疗活动中受到损害,医疗机构或者其医务人员有过错的,由医疗机构承担赔偿责任。

《民法典》第一千二百一十九条规定:医务人员在诊疗活动中应当向患者说明病情和医疗措施。需要实施手术、特殊检查、特殊治疗的,医务人员应当及时向患者具体说明医疗风险、替代医疗方案等情况,并取得其明确同意;不能或者不宜向患者说明的,应当向患者的近亲属说明,并取得其明确同意。

医务人员未尽到前款义务,造成患者损害的,医疗机构应当承担赔偿责任。

《民法典》第一千二百二十条规定:因抢救生命垂危的患者等紧急情况,不能取得患者或者其近亲属意见的,经医疗机构负责人或者授权的负责人批准,可以立即实施相应的医疗措施。

《民法典》第一千二百二十一条规定:医务人员在诊疗活动中未尽到与当时的医疗水平相应的诊疗义务,造成患者损害的,医疗机构应当承担赔偿责任。

《民法典》第一千二百二十二条规定:“患者在诊疗活动中受到损害,有下列情形之一的,推定医疗机构有过错:

(一)违反法律、行政法规、规章以及其他有关诊疗规范的规定;

(二)隐匿或者拒绝提供与纠纷有关的病历资料;

(三)遗失、伪造、篡改或者违法销毁病历资料。”

《民法典》第一千二百二十三条规定:因药品、消毒产品、医疗器械的缺陷,或者输入不合格的血液造成患者损害的,患者可以向药品上市许可持有人、生产者、血液提供机构请求赔偿,也可以向医疗机构请求赔偿。患者向医疗机构请求赔偿的,医疗机构赔偿后,有权向负有责任的药品上市许可持有人、生产者、血液提供机构追偿。

《民法典》第一千二百二十四条规定:“患者在诊疗活动中受到损害,有下列情形之一的,医疗机构不承担赔偿责任:

(一)患者或者其近亲属不配合医疗机构进行符合诊疗规范的诊疗;

(二)医务人员在抢救生命垂危的患者等紧急情况下已经尽到合理诊疗义务;

(三)限于当时的医疗水平难以诊疗。

前款第一项情形中,医疗机构或者其医务人员也有过错的,应当承担相应的赔偿责任。”

(七)关于动物造成他人损害责任

《民法典》第一千二百四十五条规定:饲养的动物造成他人损害的,动物饲养人或者管理人应当承担侵权责任;但是,能够证明损害是因被侵权人故意或者重大过失造成的，可以不承担或者减轻责任。

《民法典》第一千二百四十六条规定：违反管理规定，未对动物采取安全措施造成他人损害的，动物饲养人或者管理人应当承担侵权责任；但是，能够证明损害是因被侵权人故意造成的，可以减轻责任。

《民法典》第一千二百四十七条规定：禁止饲养的烈性犬等危险动物造成他人损害的，动物饲养人或者管理人应当承担侵权责任。

《民法典》第一千二百四十九条规定：遗弃、逃逸的动物在遗弃、逃逸期间造成他人损害的，由动物原饲养人或者管理人承担侵权责任。

《民法典》第一千二百五十条规定：因第三人的过错致使动物造成他人损害的，被侵权人可以向动物饲养人或者管理人请求赔偿，也可以向第三人请求赔偿。动物饲养人或者管理人赔偿后，有权向第三人追偿。

二、调解一般侵权纠纷参考案例

案例一　一般侵权纠纷

李某反映3楼刘某的房屋因长时间无人居住，自来水管破裂，导致其存放在2楼的化肥和玉米种子浸水，部分损坏且无法使用。双方因具体赔偿金额发生争议，向镇调委会申请调解。

解析

调委会经调查，居住在2楼的李某系刘某的租客，李某本次遭受的损失与刘某3楼房屋自来水管破裂具有因果关系，刘某应当承担赔偿责任。刘某则表示此次事件确因自家房屋自来水管破裂引起，但李某主张的赔偿金额不符合实际情况，双方争执不下。

李某提出刘某3楼房屋自来水管破裂导致自己存放在2楼的部分化肥结块、玉米种子被浸，无法使用，共造成了7.9余万元的损失，刘某理应对该笔损失承担全部赔偿责任，至于漏水导致的房屋损坏则由刘某自己承担。而刘某则表示自己向李某出租房屋时明确该房屋用途为营业房，营业房不能作为仓库使用，且李某实际的损失大概只有6万元，至于未浸水的那部分化肥李某仍然可以自行售卖，因此其只愿承担其中20%的赔偿责任。

调解员了解清双方诉求后，首先，对双方进行了释法。《民法典》第一千一百六十五条规定："行为人因过错侵害他人民事权益造成损害的，应当承担侵权责任。依照法律规定推定行为人有过错，其不能证明自己没有过错的，应当承担侵权责任。"另外《民法典》第二百三十八条规定："侵害物权，造成权利人损害的，权利人可以依法请求损害赔偿，也可以依法请求承担其他民事责任。"调解员依据《民法典》的相关规定，向双方当事人详细分析了李某在本次事件中享有的权利及刘某所需承担的义务。双方当事人对刘某应当承担赔偿责任这一事实无异议。

其次，针对赔偿金额及赔偿标准问题进行了调解。因刘某和李某对具体的损失如何量化均无法提供实质性依据，调解员依据《民法典》第一千一百八十四条规定："侵害他人财产的，财产损失按照损失发生时的市场价格或者其他合理方式计算。"调解员对李某的损失按照当地的市场价格进行了现场核算，并从双方之间存在租赁关系,还需长期合作的情理角度入手,与刘某和李某进行了沟通,引导双方当事人相互理解,相互退让,共同促成纠纷的化解,最后达成赔偿3.8万元的赔偿意向。

双方当事人达成了如下协议:(1)刘某1个月内向李某结清人民币3.8万元赔偿金;(2)此次处理作为一次性终结处理,李某不得再向刘某索赔。

案例二　医疗纠纷

某日刘某遭遇车祸,被诊断为“创伤性脾破裂,腹膜后血肿”,急转市医院。刘某入院后便进行了急诊手术,手术顺利。当晚8时左右,刘某身体出现不适,刘某的陪护立即告知值班医生和护士,医生认为系麻醉引起的反应,未作处理。1小时后,刘某身体不适加剧,医生便交代陪护送刘某去做CT检查。

由于当时疫情严重,医院实行1人1陪制。陪护当即提出自己一人无法搬动患者,医生提出可通知家属来医院。刘某家属均离医院较远,且交通不便,待刘某家属赶到时已是次日凌晨4点左右。刘某家属到医院后,便将刘某送往CT室,凌晨4时30分,刘某在CT室门前死亡。家属向医院索赔遭拒后,医调委及时介入。

解析

刘某家属认为,刘某身体出现不适,医生未认真检查,便认为是麻醉引起的反应,且刘某病情进一步恶化时,医方未采取应急措施,延误了抢救时间,导致患者死亡,要求医方赔偿20万元。医方认为,刘某病情恶化时,医生已开出检验单,是陪护送检不及时，导致医生无法依据报告单诊断病情，进行针对性治疗，且患者停止心跳时，医方立即组织了抢救，医院并无过错，故拒绝赔偿要求。

调解员开展调查，建议双方委托有关部门进行尸检，查明死因。同时调解员对纠纷双方进行释法，《医疗纠纷预防和处理条例》第二十六条第一款规定："患者死亡，医患双方对死因有异议的，应当在患者死亡后 48 小时内进行尸检；具备尸体冻存条件的，可以延长至 7 日。尸检应当经死者近亲属同意并签字，拒绝签字的，视为死者近亲属不同意进行尸检。不同意或者拖延尸检，超过规定时间，影响对死因判定的，由不同意或者拖延的一方承担责任。"经过协商，双方均同意进行尸检。尸检报告的鉴定意见：刘某死亡原因为生前患冠状动脉粥样硬化性心脏病，因急性心肌梗死死亡，交通事故中所致脾破裂及多处软组织损伤构成辅助死因。

调解员进一步解释道，根据尸检报告内容，刘某死亡虽不是治疗行为直接导致的，但医院存在以下问题：（1）入院时，没有充分了解刘某的既往病史，导致不能完整准确判断刘某在治疗过程中可能出现的问题；（2）在刘某病情恶化时，没有采取相应的应急措施，未能预见可能发生的损害，未尽到足够的医疗注意义务。

该案中，导致损害结果发生有两个方面的原因：一方面，医方未充分履行应尽义务，在紧急情况下，未配合陪护将刘某尽快送往 CT 室进行检查。另一方面，患方家属也存在疏忽，家属未翔实告知医生刘某的其他基础病，导致医生未全面了解患者病情。

调解员向医院指出，虽然医疗行为不是导致刘某死亡的直接原因，但医方未充分履行合理注意义务，抢救不及时，存在一定过错，理应对患者家属进行一定的赔偿。依据《民法典》第一千二百一十八条规定："患者在诊疗活动中受到损害，医疗机构或者其医务人员有过错的，由医疗机构承担赔偿责任。"第一千一百七十九条规定："侵害他人造成人身损害的，应当赔偿医疗费、护理费、交通费、营养费、住院伙食补助费等为治疗和康复支出的合理费用，以及因误工减少的收入……造成死亡的，还应当赔偿丧葬费和死亡赔偿金。"另外，根据最高人民法院《关于审理人身损害赔偿案件适用法律若干问题的解释》第六条、第九条、第十四条、第十五条、第二十三条的相关规定，调解员针对赔偿金额组织双方当事人进行了多次协商。在医调委的主持下，双方达成如下协议：(1)医院一次性赔偿刘某家属医疗费、丧葬费、精神损害抚慰金、交通费等共计 9.9 万元；(2)协议签字后，双方不得再以此纠纷向对方主张权利；(3)双方同意就此协议向人民法院申请司法确认；(4)自司法确认之日起 5 日内双方履行协议。

案例三 交通事故纠纷

某日，汤某无照驾驶无牌照、无保险的装载机，在某公司门口向外倒建筑垃圾时，将正常乘骑两轮电动车的张某碾轧致死。交警认定汤某应负全部责任，张某无责任，因双方在赔偿责任主体、金额等方面存在较大分歧，通知调委会介入纠纷。

解析

调解员了解到：张某家人要求汤某赔偿死亡赔偿金、丧葬费等 140 万元。汤某认为，其为公司开车，要求公司支付赔偿金。公司认为，虽然装载机是公司的，但是汤某没经公司同意偷开的，赔偿应由汤某个人赔偿,公司不予赔偿。

关于赔偿金额的计算,调解员指出,根据《民法典》第一千一百七十九条规定:"侵害他人造成人身损害的,应当赔偿医疗费、护理费、交通费、营养费、住院伙食补助费等为治疗和康复支出的合理费用,以及因误工减少的收入。造成残疾的,还应当赔偿辅助器具费和残疾赔偿金;造成死亡的,还应当赔偿丧葬费和死亡赔偿金。"同时,详细给张某家人解读了最高人民法院《关于审理人身损害赔偿案件适用法律若干问题的解释》的相关规定,张某家人对赔偿金额予以认可。

调解员向汤某解释,《刑法》第一百三十三条规定:"违反交通运输管理法规,因而发生重大事故,致人重伤、死亡或者使公私财产遭受重大损失的,处三年以下有期徒刑或者拘役;交通运输肇事后逃逸或者有其他特别恶劣情节的,处三年以上七年以下有期徒刑;因逃逸致人死亡的,处七年以上有期徒刑。"根据法律规定,汤某无照驾驶可能涉嫌交通肇事罪,汤某在事故中不光需要承担民事赔偿,可能还要负刑事责任。如果积极赔偿,取得张某家属的谅解,可以争取人民法院从轻或者减轻处罚,调解员也会给公司做工作,争取公司作为用人单位承担一部分。汤某同意调解员的方案。

对于公司方面,调解员表示,汤某开的装载机属于公司所有,装载机未办理牌照,未购买相应的保险,已经违反了《道路交通安全法》的相关规定。另外,公司对车辆管理存在疏忽,也有责任。经过调解员耐心做工作,公司答应承担部分赔偿金。

最终,经过调解员与各方的协商沟通,三方达成调解协议:(1)由汤某赔偿张某家属 77 万元,公司赔偿 58 万元。三方签完协议后，赔偿款当场付清。(2)张某家属表示谅解，给汤某出具书面谅解书，恳请司法机关对汤某刑事部分从轻处罚。

案例四　动物伤人纠纷

翟某推着自行车在小区与牵2只宠物狗的于某对向行走，当于某和狗走过翟某身边后，其中一只大型犬扑咬住翟某，致使翟某受到惊吓并摔倒。翟某起诉至人民法院，人民法院委派诉前调委会先行调解处理。

翟某称，案发时于某使用的是伸缩牵引绳，导致狗咬到自己，自己在躲闪的过程中摔倒，腰部扭伤。事后，于某一去不回。报警才找到于某，经过初步协商沟通，于某只同意赔偿翟某注射狂犬疫苗和拍片子的费用，对其他费用则拒绝赔偿，现翟某主张向于某索赔除注射狂犬疫苗外的其他医疗费1000元、护理费15,500元、误工费2400元、精神损害抚慰金2000元。对此于某辩称，当时翟某正在进行上车的动作，狗看到运动的东西就追上去了。此外，据医生说，翟某刚做的检查表明翟某的腰本就有一定的问题，因而腰伤与本次事件没有关系，故拒绝赔偿。

解析

在调解过程中调解员发现，对于于某的狗确实咬了翟某大腿后侧乃至臀部附近部位这一事实双方不存在异议，但于某对后续的赔偿问题存有异议，于是向于某指出，《民法典》第一千二百四十五条规定："饲养的动物造成他人损害的，动物饲养人或者管理人应当承担侵权责任；但是，能够证明损害是因被侵权人故意或者重大过失造成的，可以不承担或者减轻责任。"第一千一百七十九条第一句规定:“侵害他人造成人身损害的,应当赔偿医疗费、护理费、交通费、营养费、住院伙食补助费等为治疗和康复支出的合理费用,以及因误工减少的收入。”翟某在小区内正常推自行车行走,后又上车骑行,不存在过错,翟某有主张相关合理费用的权利。

相反,于某对狗未做好有效管理,存在过错,因此根据上述法律规定,损害赔偿责任应由于某承担。调解员同时表示,既然于某对宠物狗确实咬到了翟某表示认可,那么无论是否造成翟某身体损伤,都会对翟某产生惊吓,从而间接造成翟某倒地,并可能伤到腰部,若于某仍对翟某腰伤存在异议,可申请鉴定,根据鉴定意见承担相应的责任。于某听了调解员的讲解表示认可,并表示不需要申请鉴定。调解员告诉翟某,即使其有理也不能无限制地主张自己的权利,要依法维权。

通过调解员耐心劝解,翟某表示可以作一定让步,仅要求于某赔偿剩余医疗费、误工费。于某也在调解员的劝说下,除同意赔偿医疗费、误工费外,愿意再额外给付 1600 元的补偿金,并对给翟某造成心理阴影表示歉意。经过调解员的调解,双方自愿达成如下调解协议:(1)于某当场向翟某支付医疗费、误工费,补偿金等共计 5000 元;(2)双方就此事再无其他争议。

案例五　公共场所的安全纠纷

武某入住宾馆。住宿期间,武某在拿着水壶前往卫生间的途中,因宾馆地板湿滑,不慎摔倒在地并烫伤右小腿。事发后,武某要求宾馆赔偿 50,000 元。宾馆负责人张某则认为,宾馆在房间内多处贴出“小心地滑”的安全标识,已经尽到了义务,不应当承担赔偿责任。双方争执不下,申请调委会介入调解。

解析

调解员首先向张某进行了释法明理,根据《民法典》第一千一百九十八条第一款规定:“宾馆、商场、银行、车站、机场、体育场馆、娱乐场所等经营场所、公共场所的经营者、管理者或者群众性活动的组织者,未尽到安全保障义务,造成他人损害的,应当承担侵权责任。”本案中,宾馆作为经营者,对来宾馆住宿的顾客负有保障人身、财产安全的义务。调解员向张某指出,虽然宾馆在房间内设置了小心地滑的安全标志,但房间内地面采用的是瓷砖,清洁人员保洁后容易留下水渍,若顾客穿着拖鞋行走,极易打滑,因此,一般宾馆都会要求保洁人员及时清理地面水渍或铺防滑毯、地毯,保证地面干燥,保障顾客安全,这一义务对于宾馆经营者而言是必要的,也是法定的。武某在住宿期间,因地板湿滑摔倒并被热水烫伤,可见宾馆并未完全尽到安全保障义务,因此应当承担侵权责任。张某听完后表示,宾馆确实在安全保障上存在一定不足,愿意赔偿武某几千元医疗费用。

随后,调解员对武某开展调解工作。根据《民法典》第一千一百七十三条规定:“被侵权人对同一损害的发生或者扩大有过错的,可以减轻侵权人的责任。”据此,调解员指出,武某作为成年人,对自身安全应尽到谨慎注意义务,地面有水应当慢行也是常识,武某自身也应该承担部分责任。武某表示,在赔偿金额上可以做些让步。

根据最高人民法院《关于审理人身损害赔偿案件适用法律若干问题的解释》的规定,调解员向双方指出,受害人遭受人身损害，对于因就医治疗支出的各项费用以及因误工减少的收入，包括医疗费、误工费、护理费、交通费、住宿费、住院伙食补助费、必要的营养费，赔偿义务人应当予以赔偿。张某首先代表宾馆向武某表达歉意，表示愿意在前期垫付医疗费的基础上，再支付一定的赔偿金，但希望武某将赔偿金额下调。武某表示愿意接受对方的道歉，可以降低赔偿要求。双方在调解员的主持下，达成书面调解协议：(1)除前期垫付医疗费外，宾馆向武某支付医疗费等赔偿金5000元整；(2)宾馆于协议签订当场一次性付清上述赔偿金。

操作提示

一、侵权责任的构成要件

根据《民法典》侵权责任编的规定，一般侵权责任的构成要件包括违法行为、损害事实、因果关系和过错四个构成要件。

1. 违法行为：是指公民或者法人违反法定义务、违反法律禁止性规定或强制性规定而实施的作为或者不作为。

2. 损害事实：是指他人财产或者人身权益所遭受的不利影响，包括财产损害、非财产损害，非财产损害又包括人身损害、精神损害。

3. 因果关系：是指违法行为与损害事实之间的客观联系。只有当二者间存在因果关系时，行为人才应承担相应的民事责任。

4. 过错：是指行为人应受责难的主观状态。过错分为故意和过失两种形式。

二、承担侵权责任的方式

《民法典》第一千一百六十七条规定：侵权行为危及他人人

身、财产安全的，被侵权人有权请求侵权人承担停止侵害、排除妨碍、消除危险等侵权责任。

承担侵权责任的方式主要有停止侵害；排除妨碍；消除危险；返还财产；恢复原状；赔偿损失；赔礼道歉；消除影响、恢复名誉。

以上承担侵权责任的方式，可以单独适用，也可以合并适用。

三、侵权责任的归责原则

侵权责任的归责原则如下。

1. 过错责任原则：行为人因过错侵害他人民事权益，应当承担侵权责任。

2. 过错推定原则：根据法律规定推定行为人有过错，行为人不能证明自己没有过错的，应当承担侵权责任。

3. 无过错责任原则：行为人损害他人民事权益，不论行为人有无过错，法律规定应当承担侵权责任的，依照其规定。

4. 公平责任原则：损害的发生，当事人均无过错，若属于法律明文规定的情形，人民法院可以根据具体情况和公平观念，确定由当事人适当分担损害后果。

四、医疗损害赔偿项目

医疗损害赔偿项目：医疗费、误工费、住院伙食补助费、陪护费、残疾生活补助费、辅助器具费、丧葬费、被扶养人生活费、交通费、住宿费、精神损害抚慰金。

五、交通事故损害赔偿项目

交通事故损害赔偿项目包括交通事故人身损害赔偿项目与交通事故财产损失赔偿项目。

交通事故人身损害赔偿项目：医疗费、护理费、交通费、营养费、住院伙食补助费、误工费、辅助器具费、残疾赔偿金、丧葬费和死亡赔偿金。

交通事故财产损失赔偿项目：维修费、物损费、施救费、车辆重置费用、停运损失、通常替代性交通工具的合理费用。

第二节

工伤赔偿纠纷

工伤赔偿纠纷，是指各类企业职工在履行工作职责中因工负伤、致残、致死，关于赔偿问题与企业等单位发生的纠纷。工伤索赔包括两种情况，一种是职工因受伤而索赔，另一种是职工因工伤死亡，有关利害关系人索赔。

一、处理工伤赔偿纠纷的法律依据

(一)关于工伤认定的情形

《工伤保险条例》第十四条规定："职工有下列情形之一的，应当认定为工伤：

(一)在工作时间和工作场所内，因工作原因受到事故伤害的；

(二)工作时间前后在工作场所内，从事与工作有关的预备性或者收尾性工作受到事故伤害的；

(三)在工作时间和工作场所内，因履行工作职责受到暴力等意外伤害的；

(四)患职业病的；

(五)因工外出期间，由于工作原因受到伤害或者发生事故下落不明的；

（六）在上下班途中，受到非本人主要责任的交通事故或者城市轨道交通、客运轮渡、火车事故伤害的；

（七）法律、行政法规规定应当认定为工伤的其他情形。”

《工伤保险条例》第十五条规定：“职工有下列情形之一的，视同工伤：

（一）在工作时间和工作岗位，突发疾病死亡或者在48小时之内经抢救无效死亡的；

（二）在抢险救灾等维护国家利益、公共利益活动中受到伤害的；

（三）职工原在军队服役，因战、因公负伤致残，已取得革命伤残军人证，到用人单位后旧伤复发的。

职工有前款第（一）项、第（二）项情形的，按照本条例的有关规定享受工伤保险待遇；职工有前款第（三）项情形的，按照本条例的有关规定享受除一次性伤残补助金以外的工伤保险待遇。”

《工伤保险条例》第十六条规定：“职工符合本条例第十四条、第十五条的规定，但是有下列情形之一的，不得认定为工伤或者视同工伤：

（一）故意犯罪的；

（二）醉酒或者吸毒的；

（三）自残或者自杀的。”

（二）关于工伤保险待遇

《工伤保险条例》第三十五条规定：“职工因工致残被鉴定为一级至四级伤残的，保留劳动关系，退出工作岗位，享受以下待遇：

（一）从工伤保险基金按伤残等级支付一次性伤残补助金，标准为：一级伤残为27个月的本人工资，二级伤残为25个月的本人工资，三级伤残为23个月的本人工资，四级伤残为21个月的本人工资；

（二）从工伤保险基金按月支付伤残津贴，标准为：一级伤残为本人工资的90%，二级伤残为本人工资的85%，三级伤残为本人工资的80%，四级伤残为本人工资的75%。伤残津贴实际金额低于当地最低工资标准的，由工伤保险基金补足差额；

（三）工伤职工达到退休年龄并办理退休手续后，停发伤残津贴，按照国家有关规定享受基本养老保险待遇。基本养老保险待遇低于伤残津贴的，由工伤保险基金补足差额。

职工因工致残被鉴定为一级至四级伤残的，由用人单位和职工个人以伤残津贴为基数，缴纳基本医疗保险费。”

《工伤保险条例》第三十六条规定：“职工因工致残被鉴定为五级、六级伤残的，享受以下待遇：

（一）从工伤保险基金按伤残等级支付一次性伤残补助金，标准为：五级伤残为18个月的本人工资，六级伤残为16个月的本人工资；

（二）保留与用人单位的劳动关系，由用人单位安排适当工作。难以安排工作的，由用人单位按月发给伤残津贴，标准为：五级伤残为本人工资的70%，六级伤残为本人工资的60%，并由用人单位按照规定为其缴纳应缴纳的各项社会保险费。伤残津贴实际金额低于当地最低工资标准的，由用人单位补足差额。

经工伤职工本人提出，该职工可以与用人单位解除或者终止劳动关系，由工伤保险基金支付一次性工伤医疗补助金，由用人单位支付一次性伤残就业补助金。一次性工伤医疗补助金和一次性伤残就业补助金的具体标准由省、自治区、直辖市人民政府规定。”

《工伤保险条例》第三十七条规定：“职工因工致残被鉴定为七级至十级伤残的，享受以下待遇：

（一）从工伤保险基金按伤残等级支付一次性伤残补助金，标准为：七级伤残为13个月的本人工资，八级伤残为11个月的本人工资，九级伤残为9个月的本人工资，十级伤残为7个月的本人工资；

（二）劳动、聘用合同期满终止，或者职工本人提出解除劳动、聘用合同的，由工伤保险基金支付一次性工伤医疗补助金，由用人单位支付一次性伤残就业补助金。一次性工伤医疗补助金和一次性伤残就业补助金的具体标准由省、自治区、直辖市人民政府规定。”

《工伤保险条例》第三十八条规定：“工伤职工工伤复发，确认需要治疗的，享受本条例第三十条、第三十二条和第三十三条规定的工伤待遇。”

《工伤保险条例》第三十九条规定：“职工因工死亡，其近亲属按照下列规定从工伤保险基金领取丧葬补助金、供养亲属抚恤金和一次性工亡补助金：

（一）丧葬补助金为6个月的统筹地区上年度职工月平均工资；

（二）供养亲属抚恤金按照职工本人工资的一定比例发给由因工死亡职工生前提供主要生活来源、无劳动能力的亲属。标准为：配偶每月40%，其他亲属每人每月30%，孤寡老人或者孤儿每人每月在上述标准的基础上增加10%。核定的各供养亲属的抚恤金之和不应高于因工死亡职工生前的工资。供养亲属的具体范围由国务院社会保险行政部门规定；

（三）一次性工亡补助金标准为上一年度全国城镇居民人均可支配收入的20倍。

伤残职工在停工留薪期内因工伤导致死亡的，其近亲属享受本条第一款规定的待遇。

一级至四级伤残职工在停工留薪期满后死亡的，其近亲属可以享受本条第一款第（一）项、第（二）项规定的待遇。"

《工伤保险条例》第四十条规定："伤残津贴、供养亲属抚恤金、生活护理费由统筹地区社会保险行政部门根据职工平均工资和生活费用变化等情况适时调整。调整办法由省、自治区、直辖市人民政府规定。"

二、调解工伤赔偿纠纷参考案例

案例一　工伤赔偿纠纷

唐某在某工地做木工活时，左手拇指、食指、中指被运转中的电锯切断，术后只有食指被成功接活，却也丧失正常功能。出院后，唐某与某劳务派遣公司因工伤赔付问题发生争议，向市调委会申请调解处理。

解析

调解员了解到：唐某与某劳务派遣公司签订了劳动合同，合同确定唐某每月薪酬9000元。事发后，唐某从社保管理中心了解到，该公司是以月工资3000元为基数为其缴纳的保险，缴费基数和工资实际数额远远不符,不能满足其索赔要求。唐某提供了工伤证明和伤残鉴定书,证明其构成六级伤残。如按其月收入9000元计算,理赔额应为30余万元,但按用人单位投保金额折算下来,赔付额还不到15万元。

调解员联系到该公司,其负责人称,该项工程实际施工方为刘某,刘某个人挂靠某劳务派遣公司,双方在合同中约定若工程出现事故由刘某负全部责任。刘某称,事故主要是因唐某干活不小心、违规操作而意外发生的。出事后,工地人员立即将唐某送往医院,住院费、医疗费、陪护费、食宿费等共计15万元均由刘某支付。出院后,刘某还向唐某支付了3个月工资,让其回家休养。当问及唐某的月工资时,刘某表示唐某的工资并不固定,时多时少,属于按出勤和件数来计算,并非每月定额9000元,投保是依公司所有参保人的月平均工资3000元确定的。三方争议较大,调解工作一度陷入僵局。

调解员再次邀约某劳务派遣公司、刘某沟通协商。调解员首先为其指出了相关法律依据,《劳动合同法》第五十八条第一款规定:"劳务派遣单位是本法所称用人单位,应当履行用人单位对劳动者的义务……"《劳务派遣暂行规定》第十条第一款规定:"被派遣劳动者在用工单位因工作遭受事故伤害的,劳务派遣单位应当依法申请工伤认定,用工单位应当协助工伤认定的调查核实工作。劳务派遣单位承担工伤保险责任,但可以与用工单位约定补偿办法。"最高人民法院《关于审理工伤保险行政案件若干问题的规定》第三条第一款第二项规定,"劳务派遣单位派遣的职工在用工单位工作期间因工伤亡的,派遣单位为承担工伤保险责任的单位"。第三条第一款第五项规定:"个人挂靠其他单位对外经营,其聘用的人员因工伤亡的，被挂靠单位为承担工伤保险责任的单位。”

调解员解释道，根据上述规定，关于某劳务派遣公司，无论是作为劳务派遣单位还是被挂靠单位，均为本案的用人单位，其与唐某签订了劳动合同，应当对唐某承担工伤赔偿责任。虽然某劳务派遣公司与刘某在合同中约定，工程出现事故由刘某负全部责任，但这里涉及两个法律事实，即工伤引起的劳动争议和劳务派遣引起的责任承担，不能将两者混同。某劳务派遣公司承担赔偿责任后，可以向刘某追偿。在调解员释法明理之后，某劳务派遣公司同意与刘某就唐某工伤赔偿承担连带责任。

某劳务派遣公司、刘某对唐某的工伤和六级伤残认定无异议，刘某也表示愿意承担赔付唐某的各项损失的责任，但由于公司经营困难，且已经垫付了 15 万元，希望能按照向社保缴纳的理赔范围来协调处理。唐某出具了工地带班长的书面证明材料，证明唐某从到工地至受伤致残期间，其每月工资都在 9000 元以上。唐某出院后，刘某也是按每月 9000 元向其支付了 3 个月工资。根据现有证据，依据《劳动法》《劳动合同法》的相关规定，针对各方争议焦点，调解员提出以双方是否解除劳动合同为前提，具体确定赔偿数额。在调解员的劝说下，唐某表示理解刘某的现实困难，大家各退让一步，同意解除劳动关系，但应以月工资 9000 元为基数确定赔偿数额。

经协商，双方解除劳动关系，以唐某月工资 9000 元为基数确定赔偿数额。依据《工伤保险条例》第三十六条的规定："职工因工致残被鉴定为五级、六级伤残的，享受以下待遇：(一) 从工伤保险基金按伤残等级支付一次性伤残补助金，标准为：五级伤残为

18 个月的本人工资,六级伤残为 16 个月的本人工资……经工伤职工本人提出,该职工可以与用人单位解除或者终止劳动关系,由工伤保险基金支付一次性工伤医疗补助金,由用人单位支付一次性伤残就业补助金……”另外,2017 年公布的《山西省实施〈工伤保险条例〉办法》(已失效)第二十六条第一款、第二款规定:“职工因工致残被鉴定为五级至十级伤残的,按照《条例》第三十六条、第三十七条规定,与用人单位解除或者终止劳动、聘用关系的,由经办机构从工伤保险基金中支付一次性工伤医疗补助金,由用人单位支付一次性伤残就业补助金。一次性工伤医疗补助金和一次性伤残就业补助金,以职工与用人单位解除或者终止劳动、聘用关系之日前 12 个月的本人平均月缴费工资为基数,按下列标准计发:(一)一次性工伤医疗补助金标准:五级伤残为 36 个月的本人工资,六级伤残为 33 个月的本人工资,七级伤残为 24 个月的本人工资,八级伤残为 21 个月的本人工资,九级伤残为 18 个月的本人工资,十级伤残为 15 个月的本人工资;(二)一次性伤残就业补助金标准:五级伤残为 24 个月的本人工资,六级伤残为 21 个月的本人工资,七级伤残为 15 个月的本人工资,八级伤残为 12 个月的本人工资,九级伤残为 9 个月的本人工资,十级伤残为 6 个月的本人工资。”

本案唐某与某劳务派遣公司解除劳动关系,唐某一次性伤残补助金为 16 个月本人工资 14. 4 万元;一次性工伤医疗补助金为 33 个月本人工资 29. 7 万元;一次性伤残就业补助金为 21 个月本人工资 18. 9 万元,三项合计 63 万元,考虑到刘某实际困难和前期已垫付 15 万元,双方商定由刘某支付唐某 50 万元整。在调解员的主持下,当事人自愿达成调解协议如下:

(1)唐某与某劳务派遣公司解除劳动关系;(2)刘某在签署调解协议之时先行支付唐某人民币15万元,剩余35万元于4月某日前一次性支付;(3)刘某如未按上述时间支付上列款项,应按《民事诉讼法》规定,支付迟延履行期间的利息;(4)某劳务派遣公司同意在刘某不能支付范围内承担连带赔偿责任。

案例二 曾某宿舍工亡纠纷

曾某为某公司员工。某日,曾某因身体不适返回宿舍休息。其后,曾某妻子杨某发现其情况严重,马上拨打"120"求救。急救车到达现场时,曾某已死亡。

某公司及曾某家属向县人社局申请工伤认定。县人社局根据某年人力资源和社会保障部门文件中规定的"如虽在工作时间、工作岗位发病或自感不适,但未送医院抢救而是回家休息,48小时内死亡的,不应视同工亡",认定不属于工亡。某公司及曾某家属均不服该结果集体上访。调委会介入调解。

解析

调委会调查发现,该公司的员工宿舍位于公司围墙内,与生产车间间隔不到3米。某日上午10时24分许,曾某在上班期间返回宿舍。11时40分,妻子发现其出事,间隔不到80分钟的时间。

调解员据此判断,证人证言和车间监控可以确认曾某是在上班时发病。曾某回宿舍意图不明,只有车间主任的证言提到曾某自述身体不适需要回宿舍。调解员分析存在两种可能:第一种可能是曾某回宿舍拿钱、医保卡准备就医;第二种可能是曾某认为不需要就医，回宿舍休息即可。解决纠纷的关键在于判断本案是否构成工亡，调解员梳理焦点如下：一是公司员工宿舍是否可以延伸为工作场所；二是曾某猝死在公司员工宿舍内，是否可以视同工亡。

调解员继续深入查找相关文件，最终在最高人民法院的一份裁定中找到依据。该裁定认为：在上班时间请假回单位宿舍休息，在宿舍死亡，该宿舍作为员工工作休息场所，可以视为工作岗位的合理延伸。调解员认为，根据该裁定书，曾某的情况应符合工亡判断标准。据此，调解员携带相关资料赴县人社局进行探讨。县人社局请示后答复，认同此研判，但要求鉴定曾某的死因，排除他杀等其他原因。县公安局经鉴定得出鉴定意见：曾某符合严重冠状动脉粥样硬化性心脏病导致急性呼吸循环衰竭死亡。排除他杀。

得到该鉴定意见后，调解员立即组织双方进行协商。调解员向双方释明法律规定。根据《工伤保险条例》第十五条第一款“职工有下列情形之一的，视同工伤：(一)在工作时间和工作岗位，突发疾病死亡或者在48小时之内经抢救无效死亡的”，并参照最高人民法院在某裁定中“在上班时间请假回单位宿舍休息，在宿舍死亡，该宿舍作为员工工作休息场所，可以视为工作岗位的合理延伸”的观点，曾某发病身亡的宿舍应作为工作岗位的合理延伸，符合《工伤保险条例》第十五条第一款的规定，其死亡视同工亡。调解员的阐释合法有据，双方均表示认可。

随后，调解员计算赔偿数额。根据《工伤保险条例》第三十九条第一款规定：“职工因工死亡，其近亲属按照下列规定从工伤保险基金领取丧葬补助金、供养亲属抚恤金和一次性工亡补助金：

(一)丧葬补助金为6个月的统筹地区上年度职工月平均工资……(三)一次性工亡补助金标准为上一年度全国城镇居民人均可支配收入的20倍。”因曾某没有需要供养的亲属,无供养亲属抚恤金,调解员计算出工伤赔偿金额共计818,236元,其中丧葬补助金33,216元,一次性工亡补助金785,020元。当事双方对此无异议。双方在调委会的主持下达成一致协议,协议内容如下:

(1)某公司垫付工伤死亡赔偿金,包括丧葬补助金、一次性工亡补助金、困难补助费(含殡仪馆开支)等共计838,000元;(2)司法鉴定费用7000元由某公司支付,签订协议前某公司垫付的住宿费、殡仪馆押金等费用,不再向当事人家属要求返还;(3)家属自愿承诺无条件配合某公司进行后续工亡赔偿申报手续,并提供申报手续所需的相关材料;(4)家属自愿同意将曾某工伤保险赔付金额直接支付给某公司。

案例三　方某工地坠亡纠纷

某日,方某在某公司承包的项目工地施工时不慎跌落,头部受伤,经医院抢救无效于当晚在医院死亡。方某家属要求某公司支付方某在医院支出的所有费用以及丧葬费、工亡补助金等费用。某公司表示愿意支付,但是希望方某家属降低诉求金额。双方产生分歧,经申请调委会受理该纠纷。

解析

调解员首先向双方讲解相关法律法规,根据《工伤保险条例》第十四条规定:“职工有下列情形之一的,应当认定为工伤:(一)在工作时间和工作场所内，因工作原因受到事故伤害的；（二）工作时间前后在工作场所内，从事与工作有关的预备性或者收尾性工作受到事故伤害的……”方某在施工过程中因从高处跌落摔伤而死亡，符合工伤死亡的标准。

根据《工伤保险条例》第六十二条规定：“用人单位依照本条例规定应当参加工伤保险而未参加的，由社会保险行政部门责令限期参加，补缴应当缴纳的工伤保险费，并自欠缴之日起，按日加收万分之五的滞纳金；逾期仍不缴纳的，处欠缴数额 1 倍以上 3 倍以下的罚款。依照本条例规定应当参加工伤保险而未参加工伤保险的用人单位职工发生工伤的，由该用人单位按照本条例规定的工伤保险待遇项目和标准支付费用。用人单位参加工伤保险并补缴应当缴纳的工伤保险费、滞纳金后，由工伤保险基金和用人单位依照本条例的规定支付新发生的费用。”

由于某公司没有为方某交纳工伤保险，因此方某因工死亡的相应工伤保险待遇应当由某公司支付。某公司对于方某系因工死亡这一事实表示认可，但是认为方某家属计算的赔偿金额过高，超出了某公司所能接受的最高额，也不符合法定标准。某公司的负责人李某表示，由于某公司没有给方某办理工伤保险，因此所有费用都需要公司承担，超出了公司目前的经济能力。经过劝说，李某同意积极向领导请示，尽量以调解方式解决纠纷。

随后，调解员向方某家属张某释法说理。根据《工伤保险条例》第三十九条规定：“职工因工死亡，其近亲属按照下列规定从工伤保险基金领取丧葬补助金、供养亲属抚恤金和一次性工亡补助金：（一）丧葬补助金为 6 个月的统筹地区上年度职工月平均工资；（二）供养亲属抚恤金按照职工本人工资的一定比例发给由因工死亡职工生前提供主要生活来源、无劳动能力的亲属。标准为：配偶每月40%，其他亲属每人每月30%，孤寡老人或者孤儿每人每月在上述标准的基础上增加10%。核定的各供养亲属的抚恤金之和不应高于因工死亡职工生前的工资。供养亲属的具体范围由国务院社会保险行政部门规定；（三）一次性工亡补助金标准为上一年度全国城镇居民人均可支配收入的20倍……”按照上述规定，调解员详细计算了丧葬补助金、供养亲属抚恤金和一次性工亡补助金的数额，希望张某在合法合理的范围内提出要求，以便尽快达成协议。在调解员的劝说下，双方各退一步，达成以下协议：

（1）某公司支付方某家属医疗费、丧葬补助金、供养亲属抚恤金和一次性工亡补助金等合计105.8万元。（2）具体付款周期为：某公司签字当天付款5.8万元；1周后前再付款20万元；余款80万元分2次在2个月之内付清。（3）某公司若不足额付款，则应当另加付10万元违约金。

操作提示

一、工伤赔偿的项目

依据为《工伤保险条例》及各省的工伤保险条例实施办法，工伤赔偿的项目一般包括：医疗费，伙食补助费，交通、食宿费，康复治疗费，工伤医疗期工资，生活护理费，辅助器具费，一次性伤残补助金，伤残津贴，一次性伤残医疗补助金，一次性伤残就业补助金，丧葬补助金，供养亲属抚恤金，一次性工亡补助金，下落不明供养亲属抚恤金等。

二、如何证明劳动关系存在

工伤认定的前提一般要求受伤者与单位之间存在劳动关系，那么如何证明劳动关系的存在？用人单位招用劳动者未订立书面劳动合同，但同时具备下列情形的，劳动关系成立：

(1)用人单位和劳动者具有法律、法规规定的主体资格；

(2)用人单位依法制定的各项劳动规章制度适用于劳动者，劳动者受用人单位的劳动管理，从事用人单位安排的有报酬的劳动；

(3)劳动者提供的劳动是用人单位业务的组成部分。

用人单位未与劳动者签订劳动合同，认定双方存在劳动关系时可参照下列凭证：

(1)工资支付凭证或记录(职工工资发放花名册)、缴纳各项社会保险费的记录；

(2)用人单位向劳动者发放的"工作证""服务证"等能够证明身份的证件；

(3)劳动者填写的用人单位招工招聘"登记表""报名表"等招用记录；

(4)考勤记录；

(5)其他劳动者的证言等。

劳动合同终止或者解除劳动合同通知书、工资条、社保缴费等也是能够证明与用人单位存在劳动关系的证据。

第三节 劳动纠纷

劳动争议，是指劳动关系的当事人之间因执行劳动法律、法规和履行劳动合同而发生的纠纷。劳动争议可分为以下几类：因确认劳动关系发生的争议；因订立、履行、变更、解除和终止劳动合同发生的争议；因除名、辞退和辞职、离职发生的争议；因工作时间、休息休假、社会保险、福利、培训以及劳动保护发生的争议；因劳动报酬、工伤医疗费、经济补偿或者赔偿金等发生的争议；法律、法规规定的其他劳动争议。

一、调解劳动纠纷的法律依据

(一)关于劳动合同效力的规定

《劳动合同法》第二十六条规定："下列劳动合同无效或者部分无效：(一)以欺诈、胁迫的手段或者乘人之危，使对方在违背真实意思的情况下订立或者变更劳动合同的；(二)用人单位免除自己的法定责任、排除劳动者权利的；(三)违反法律、行政法规强制性规定的。对劳动合同的无效或者部分无效有争议的，由劳动争议仲裁机构或者人民法院确认。"

（二）关于解除劳动合同条件的规定

《劳动合同法》第四十条规定："有下列情形之一的，用人单位提前三十日以书面形式通知劳动者本人或者额外支付劳动者一个月工资后，可以解除劳动合同：（一）劳动者患病或者非因工负伤，在规定的医疗期满后不能从事原工作，也不能从事由用人单位另行安排的工作的；（二）劳动者不能胜任工作，经过培训或者调整工作岗位，仍不能胜任工作的；（三）劳动合同订立时所依据的客观情况发生重大变化，致使劳动合同无法履行，经用人单位与劳动者协商，未能就变更劳动合同内容达成协议的。"

（三）关于劳动时间及休息、休假的规定

1. 关于劳动时间及其延长的规定

《劳动法》第三十六条规定："国家实行劳动者每日工作时间不超过八小时、平均每周工作时间不超过四十四小时的工时制度。"

《劳动法》第三十七条规定："对实行计件工作的劳动者，用人单位应当根据本法第三十六条规定的工时制度合理确定其劳动定额和计件报酬标准。"

《劳动法》第四十一条规定："用人单位由于生产经营需要，经与工会和劳动者协商后可以延长工作时间，一般每日不得超过一小时；因特殊原因需要延长工作时间的，在保障劳动者身体健康的条件下延长工作时间每日不得超过三小时，但是每月不得超过三十六小时。"

《劳动法》第四十二条规定："有下列情形之一的，延长工作时间不受本法第四十一条规定的限制：

（一）发生自然灾害、事故或者因其他原因，威胁劳动者生命健康和财产安全，需要紧急处理的；

（二）生产设备、交通运输线路、公共设施发生故障，影响生产和公众利益，必须及时抢修的；

（三）法律、行政法规规定的其他情形。”

《劳动法》第四十三条规定：“用人单位不得违反本法规定延长劳动者的工作时间。”

《劳动法》第四十四条规定：“有下列情形之一的，用人单位应当按照下列标准支付高于劳动者正常工作时间工资的工资报酬：

（一）安排劳动者延长工作时间的，支付不低于工资的百分之一百五十的工资报酬；

（二）休息日安排劳动者工作又不能安排补休的，支付不低于工资的百分之二百的工资报酬；

（三）法定休假日安排劳动者工作的，支付不低于工资的百分之三百的工资报酬。”

2. 关于劳动者的休息、休假的规定

《劳动法》第三十八条规定：“用人单位应当保证劳动者每周至少休息一日。”

《劳动法》第三十九条规定：“企业因生产特点不能实行本法第三十六条、第三十八条规定的，经劳动行政部门批准，可以实行其他工作和休息办法。”

《劳动法》第四十条规定：“用人单位在下列节日期间应当依法安排劳动者休假：（一）元旦；（二）春节；（三）国际劳动节；（四）国庆节；（五）法律、法规规定的其他休假节日。”

《劳动法》第四十五条规定：“国家实行带薪年休假制度。

劳动者连续工作一年以上的，享受带薪年休假。具体办法由国务院规定。”

二、调解劳动争议纠纷参考案例

案例一　辞退赔偿纠纷一

王某工作于一家公司，于9月入职，合同约定每月工资为2590元。第二年1月，公司以连续2次绩效考核不合格为由将王某辞退，并向其送达了书面的辞退通知书。1月底，王某离职。王某认为，公司没有合法、合理的理由就将其单方面辞退，其行为属于劳动合同法中规定的违法解除劳动合同的情形，故认为公司应当向其支付因违法解除劳动合同的经济赔偿金。王某在与公司协商无果后申请仲裁。经过双方同意，本案由仲裁转至调委会。

王某称，自己工作态度认真，不存在任何违反公司规章制度的行为，且在劳动合同签订时，公司并未告知其绩效考核的具体规定和方式。在入职后，公司未征求其意见就随意制定绩效考核条款，而且该绩效考核目标过于苛刻，非常人所能达到。王某认为，公司存在滥用权利的行为，公司解除劳动合同的行为构成了违法解除，要求公司支付违法解除劳动合同的经济赔偿金2万元。

公司称，当初与王某签订的劳动合同中明确写明，如果绩效考核2次不合格，公司有权解除劳动合同，且无须支付经济赔偿金。公司认为，其在签订劳动合同时已经履行了告知义务，王某也是自愿签署，故对双方都具有法律约束力。

解析

调解员认为，本案的争议焦点是公司是否构成违法解除劳动合同,并根据该焦点向双方当事人进行释法明理。调解员指出,根据《劳动合同法》第四十条规定,“有下列情形之一的,用人单位提前三十日以书面形式通知劳动者本人或者额外支付劳动者一个月工资后,可以解除劳动合同……(二)劳动者不能胜任工作,经过培训或者调整工作岗位,仍不能胜任工作的”。调解员告知公司,“不能胜任工作”是指公司有合法的规章制度规定,有一套成文的用工考核标准,且向员工公示过,员工签字确认知悉该考评标准,但是员工不能达到该考核标准。

调解员补充解释,“劳动者不能胜任工作”应当由用人单位承担举证责任,举证责任的范围包括绩效考核标准、绩效标准经民主程序制定并公告、公示的证据,员工绩效考核材料、培训或调岗的证据,培训或调岗后仍不能胜任工作的证据等。调解员指出,从目前王某提供的劳动合同、公司提供的绩效考核规定中可以看出,公司并未事先制定具体明确的绩效考核标准,而是在王其入职后公司才制定了绩效考核条款,且未征得王某签字同意,故公司解除双方劳动合同的行为属于违法解除行为。

此外,公司在劳动合同中不合理地排除自己支付经济赔偿金的责任,违反了法律强制性规定,属于无效条款。另外,公司在程序上同样构成违法解除,根据前述法律规定,用人单位应当提前30日书面通知劳动者本人或者额外支付劳动者1个月工资,才可以行使解除权,但是根据双方陈述,公司在认为王某不能胜任工作后立刻就解除了劳动合同,并未履行提前30日告知的程序。

随后调解员又向王某说明,根据《劳动合同法》第八十七条规定:“用人单位违反本法规定解除或者终止劳动合同的,应当依照本法第四十七条规定的经济补偿标准的二倍向劳动者支付赔偿金。”第四十七条第一款规定：“经济补偿按劳动者在本单位工作的年限，每满一年支付一个月工资的标准向劳动者支付。六个月以上不满一年的，按一年计算；不满六个月的，向劳动者支付半个月工资的经济补偿。”违法解除劳动合同的经济赔偿金为双倍的经济补偿金，王某的工龄为5个月，不满6个月，最终的经济赔偿金额应为王某1个月的工资，该月工资是指劳动者在劳动合同解除或者终止前12个月的平均工资，故通过计算可以得出，王某可以获得2600元左右的经济赔偿金。

经调解，双方自愿达成如下协议内容：

(1)确认双方劳动关系终结。

(2)公司于本年2月某日之前一次性支付王某赔偿金2600元。

(3)王某确认放弃其他请求事项，无其他争议。

签订调解协议后，公司在约定时间内支付给王某2600元赔偿金，至此本劳动争议纠纷得以解决。

案例二 辞退赔偿纠纷二

本案中，王某等5人于3月某日进入公司工作，双方未签订劳动合同，口头约定月薪为8000元。第二年6月某日，公司出具辞退通知书给王某等5人，双方劳动关系结束。但公司仍欠付王某等5人的劳动报酬。

为此，王某等5人申请仲裁，要求公司支付：(1)3月至第二年年6月的工资差额合计12,626元；(2)3月至第二年6月未签订劳动合同的双倍工资32,000元；(3)公司单方解除劳动合同，应当支付经济补偿金4000元。7月，某调委会接受仲裁委员会的委托，受理了王某等5人与公司的劳动争议纠纷。

解析

调委会找到王某等5人和公司，通过电话访问了解得知，王某等5人均居住在外市，两地往返有诸多的不便，调解员提出可通过电话进行沟通协调。王某作为5人当中的调解代表向调解员指出，公司并未足额发放5人3月至第二年5月的工资，未发放第二年6月的工资；同时，公司一直未与5人签订劳动合同，因此要求公司支付双倍工资；再者，公司解雇5人应当支付经济补偿金。

公司指出，王某等5人在3月初，经业内人士推荐，意向入职本公司，且表示在居住地有对接的业务资源公司负责人和王某等5人分别进行了试用期和转正薪资待遇以及业绩指标的沟通，约定3月试用期工资为6000元（其中基本工资4900元、岗位津贴300元、绩效工资800元），如与客户签订一份有效合同，则另加1000元工资，签订2份有效合同，则另加2000元。当初公司与5人约定，4月、5月两个月需每月完成业绩指标20万元，月底根据完成指标的比例提成，王某等5人当时均表示认同。

但因疫情影响，5位员工在外地居住，无法来公司签订书面的劳动合同，且5位员工此后未能踏实开展业务工作，和合作方签订合同未能做到及时汇报、及时反馈签约情况。直到第二年6月疫情解封后，公司询问签约情况，才勉强提供，但和合作方签订的合同并非有效合同，且合同相对方不是能在工商信息网中查询的商主体。因此第二年4月、5月，5人的工作业绩为零。在4月、5月的封控期间，该5人虽然未完成公司的任何业绩指标，但公司还发给每个人每月 2590 元的工资，现在公司最多愿意给予每人 2000 元的经济补偿金，以解决此事。

经过与双方的初步沟通，调解员整理出了以下争议焦点：(1)在没工作业绩的情况下，公司仅按市最低工资标准向王某等人支付工资是否合法；(2)公司单方面解除劳动合同是否合法；(3)因受疫情影响而无法签订劳动合同，王某等人是否有权要求公司支付双倍工资。

调解员指出，在没有工作业绩的情况下，公司仅按最低工资标准支付工资的行为不合法。根据《劳动法》第五十条规定："工资应当以货币形式按月支付给劳动者本人。不得克扣或者无故拖欠劳动者的工资。"公司认为王某等人未根据公司的绩效考核标准完成业绩指标，提出不发放王某等人的绩效符合法律规定，但在扣除了绩效工资后，公司应该按照双方约定的基本工资标准发放工资，而不能按市的最低工资标准发放工资。且公司再未与劳动者协商的情况下，单方面解除劳动合同，违反了《合同法》(已失效)的相关规定，应当向劳动者支付违法解除劳动合同的经济补偿金。

受疫情影响而无法签订劳动合同，王某等人不能以此为由要求公司支付双倍工资。根据《劳动合同法》第八十二条第一款规定："用人单位自用工之日起超过一个月不满一年未与劳动者订立书面劳动合同的，应当向劳动者每月支付二倍的工资。"原则上，用人单位在用工之日起 1 个月内应当与劳动者签订劳动合同，否则需要向劳动者支付双倍工资。但根据上海市高院联合上海市人保局制定的《关于处理涉疫情劳动争议纠纷若干问题的解答》，其中规定："用人单位因受疫情或疫情防控措施影响，客观上无法与劳动者依法及时订立或续订书面劳动合同的，可与劳动者协商一致采用电子形式订立或续订劳动合同，或通过协商等方式合理顺延订立或续订书面劳动合同的时间。劳动者以用人单位实际未与其订立或续订书面劳动合同为由，请求用人单位支付相应期间未订立或未续订书面劳动合同二倍工资差额的，不予支持。”由于王某等人在外地开展业务，因受疫情客观因素影响，公司不能与劳动者签订书面劳动合同，并非公司主观上不愿意签订，劳动者不能以此请求支付双倍工资。

调解员将上述法律分析告知双方，公司表示，同意向王某等人补足欠付的工资差额，同时愿意因违法解除劳动合同，向王某等人每人支付 8000 元经济补偿金。考虑到王某等人没有工作业绩，未完成公司的考核指标，王某等人同意了公司的支付方案，双方最终达成了一致意见：(1)公司应于一个月内支付王某等人 3 月至第二年 5 月的工资差额、6 月的工资、一次性经济补偿金每人 8000 元；(2)双方的劳动关系已经解除，本协议履行后，双方不再有其他任何争议。

案例三 解散员工纠纷

某楼盘因业主对某物业公司管理不满，业委会更换了物业公司。某物业公司解散，但未提前 30 日以书面形式告知员工终止劳动合同事宜，杨某等 34 名员工得知后续工作无着落，情绪激动，阻拦新老物业交接，存在群体性冲突的隐患。调委会介入此案。

解析

调解员根据该物业公司代表提供的相关证据，员工劳动合同及工作年限了解到:34 名被解散的员工中,工龄最长的达 12 年,短的只有 45 天,文化程度偏低,大部分的年龄超过 50 岁,甚至部分员工已远超退休年龄。双方人数悬殊,多次发生口角,甚至肢体冲突,考虑到人身安全,该物业公司一度不愿继续调解。

调解员指出,根据《劳动合同法》第四十条规定:劳动合同订立时所依据的客观情况发生重大变化,致使劳动合同无法履行,经用人单位与劳动者协商,未能就变更劳动合同内容达成协议的,用人单位提前 30 日以书面形式通知劳动者本人或额外支付劳动者一个月工资后,可以解除劳动合同。第四十四条规定,“有下列情形之一的,劳动合同终止……(五)用人单位被吊销营业执照、责令关闭、撤销或者用人单位决定提前解散的”。第四十七条第一款规定:“经济补偿按劳动者在本单位工作的年限,每满一年支付一个月工资的标准向劳动者支付。六个月以上不满一年的,按一年计算;不满六个月的,向劳动者支付半个月工资的经济补偿。”

某物业公司有义务向 34 位被解散员工分别按各人的工作年限外加 1 个月工资的标准支付经济补偿,对此,物业公司表示愿意接受,在支付时限方面希望能在 5 个工作日内完成支付。然而,被解散员工要求某物业公司即日兑现承诺,否则将集体上访维护利益。经过调解员的劝解,员工们表示愿意放弃额外支付的一个月经济补偿,但希望能在 12 小时内收到全款。

通过调解,双方自愿协商,达成以下协议:(1)某物业公司于 12 小时内向 34 名被解散员工支付经济补偿金共计 370,600 元;(2)被解散员工收到该物业公司经济补偿金后,自愿与该物业公司解除劳动合同,双方终止劳动关系。

操作提示

一、经济补偿金的计算年限

1. 根据《劳动合同法》第四十七条第一款规定：经济补偿按劳动者在本单位工作的年限，每满1年支付1个月工资的标准向劳动者支付。6个月以上不满1年的，按1年计算；不满6个月的，向劳动者支付半个月工资的经济补偿。

2. 根据《劳动合同法》第四十七条第二款规定，劳动者月工资高于用人单位所在直辖市、设区的市级人民政府公布的本地区上年度职工月平均工资3倍的，向其支付经济补偿的标准按职工月平均工资3倍的数额支付，向其支付经济补偿的年限最高不超过12年。

二、经济补偿金的计算基数

1. 根据《劳动合同法》第四十七条第三款规定，该条所称月工资是指劳动者在劳动合同解除或者终止前12个月的平均工资。

2. 根据《劳动合同法实施条例》第二十七条规定，《劳动合同法》第四十七条规定的经济补偿的月工资按照劳动者应得工资计算，包括计时工资或者计件工资以及奖金、津贴和补贴等货币性收入。劳动者在劳动合同解除或者终止前12个月的平均工资低于当地最低工资标准的，按照当地最低工资标准计算。劳动者工作不满12个月的，按照实际工作的月数计算平均工资。

第四节

消 费 纠 纷

消费纠纷,是指消费者和经营者之间在消费领域中因商品质量以及由此造成消费者人身、财产损失而引发的纠纷。

现实中,消费纠纷主要有 4 种类型:消费者在购买、使用商品或者接受服务的过程中由于经营者不依法履行义务或者履行义务不当,致使消费者合法权益受到损害所产生的纠纷;消费者对经营者提供的商品或者服务不满意所产生的纠纷;经营者侵犯消费者权利所产生的纠纷;在消费过程中产生的其他纠纷。

作为普通的公民,我们每个人都离不开消费,过程中总会发生各类纠纷。这些消费纠纷,都通过向人民法院提起诉讼的方式去解决显然不现实,此时高效快速又能维护消费者权益的人民调解就显得颇为重要。

一、调解消费纠纷的法律依据

(一)关于消费者权利的规定

《消费者权益保护法》第七条规定了消费者的人身权和财产权:"消费者在购买、使用商品和接受服务时享有人身、财产安全不受损害的权利。

消费者有权要求经营者提供的商品和服务，符合保障人身、财产安全的要求。”

《消费者权益保护法》第八条规定了消费者的知情权：“消费者享有知悉其购买、使用的商品或者接受的服务的真实情况的权利。

消费者有权根据商品或者服务的不同情况，要求经营者提供商品的价格、产地、生产者、用途、性能、规格、等级、主要成分、生产日期、有效期限、检验合格证明、使用方法说明书、售后服务，或者服务的内容、规格、费用等有关情况。”

（二）关于经营者义务的规定

《消费者权益保护法》第二十二条规定经营者的票据提供义务：“经营者提供商品或者服务，应当按照国家有关规定或者商业惯例向消费者出具发票等购货凭证或者服务单据；消费者索要发票等购货凭证或者服务单据的，经营者必须出具。”

《消费者权益保护法》第二十三条规定了经营者的质量保证义务：“经营者应当保证在正常使用商品或者接受服务的情况下其提供的商品或者服务应当具有的质量、性能、用途和有效期限；但消费者在购买该商品或者接受该服务前已经知道其存在瑕疵，且存在该瑕疵不违反法律强制性规定的除外。

经营者以广告、产品说明、实物样品或者其他方式表明商品或者服务的质量状况的，应当保证其提供的商品或者服务的实际质量与表明的质量状况相符。

经营者提供的机动车、计算机、电视机、电冰箱、空调器、洗衣机等耐用商品或者装饰装修等服务，消费者自接受商品或者服务之日起六个月内发现瑕疵，发生争议的，由经营者承担有关瑕疵的举证责任。”

《消费者权益保护法》第二十四条规定了经营者的退换货等义务：“经营者提供的商品或者服务不符合质量要求的，消费者可以依照国家规定、当事人约定退货，或者要求经营者履行更换、修理等义务。没有国家规定和当事人约定的，消费者可以自收到商品之日起七日内退货；七日后符合法定解除合同条件的，消费者可以及时退货，不符合法定解除合同条件的，可以要求经营者履行更换、修理等义务。

依照前款规定进行退货、更换、修理的，经营者应当承担运输等必要费用。”

《消费者权益保护法》第二十五条规定了一些例外情况：“经营者采用网络、电视、电话、邮购等方式销售商品，消费者有权自收到商品之日起七日内退货，且无需说明理由，但下列商品除外：

（一）消费者定作的；

（二）鲜活易腐的；

（三）在线下载或者消费者拆封的音像制品、计算机软件等数字化商品；

（四）交付的报纸、期刊。

除前款所列商品外，其他根据商品性质并经消费者在购买时确认不宜退货的商品，不适用无理由退货。

消费者退货的商品应当完好。经营者应当自收到退回商品之日起七日内返还消费者支付的商品价款。退回商品的运费由消费者承担；经营者和消费者另有约定的，按照约定。”

《消费者权益保护法》第二十六条是关于格式条款等的相关规定：“经营者在经营活动中使用格式条款的，应当以显著方式提请消费者注意商品或者服务的数量和质量、价款或者费用、履行期限和方式、安全注意事项和风险警示、售后服务、民事责任等与消费者有重大利害关系的内容,并按照消费者的要求予以说明。

经营者不得以格式条款、通知、声明、店堂告示等方式,作出排除或者限制消费者权利、减轻或者免除经营者责任、加重消费者责任等对消费者不公平、不合理的规定,不得利用格式条款并借助技术手段强制交易。

格式条款、通知、声明、店堂告示等含有前款所列内容的,其内容无效。"

(三)关于法律责任的规定

《消费者权益保护法》第五十二条规定:"经营者提供商品或者服务,造成消费者财产损害的,应当依照法律规定或者当事人约定承担修理、重作、更换、退货、补足商品数量、退还货款和服务费用或者赔偿损失等民事责任。"

《消费者权益保护法》第五十三条规定:"经营者以预收款方式提供商品或者服务的,应当按照约定提供。未按照约定提供的,应当按照消费者的要求履行约定或者退回预付款;并应当承担预付款的利息、消费者必须支付的合理费用。"

《消费者权益保护法》第五十四条规定:"依法经有关行政部门认定为不合格的商品,消费者要求退货的,经营者应当负责退货。"

《消费者权益保护法》第五十五条规定:"经营者提供商品或者服务有欺诈行为的,应当按照消费者的要求增加赔偿其受到的损失,增加赔偿的金额为消费者购买商品的价款或者接受服务的费用的三倍;增加赔偿的金额不足五百元的,为五百元。法律另有规定的，依照其规定。

经营者明知商品或者服务存在缺陷，仍然向消费者提供，造成消费者或者其他受害人死亡或者健康严重损害的，受害人有权要求经营者依照本法第四十九条、第五十一条等法律规定赔偿损失，并有权要求所受损失二倍以下的惩罚性赔偿。”

二、调解消费纠纷参考案例

案例一　房屋装修消费纠纷

周某在公司购买了吊柜套组，金额共计 1 万元，由本地门店送货安装，在安装吊柜时，由于工人打孔出错，导致部分吊柜无法安装，周某因此申请退款退货，沟通协商无果，某街道调委会对此案进行了调解。

解析

经调解员了解，得知周某存在如下诉求：一是该吊柜的飞檐线未安装，要求尽快安装；二是踢脚线颜色与周某家的装潢风格严重不符，要求把原有的踢脚线拆掉更换其他颜色；三是厨房吊柜柜体板面打的螺丝孔导致面板油漆脱落，破坏整体的美观，要求修补；四是阳台柜设计不合理，要求退货。

公司表示，针对周某提出的飞檐线未安装问题，确实是安装工人粗心大意造成的，会督促工人尽快安装；但是踢脚线的颜色在安装前都是和周某事先确认过的，现在安装好了周某突然反悔要求拆卸更换，不仅会造成原材料的报废，也会产生一大笔其他的人工费，需要周某予以弥补；至于周某提出的油漆脱落问题，公司认为这是吊柜安装过程中不可避免的，公司愿意负责修补；而周某提出的阳台柜设计不合理,公司认为这是按照周某要求的尺寸定做的,无法退货退款。由于双方诉求存在较大的差异,故在征得双方同意后,调解员安排双方来现场调解。

调解员告知公司方,根据《消费者权益保护法》第二十四条第一款规定:"经营者提供的商品或者服务不符合质量要求的,消费者可以依照国家规定、当事人约定退货,或者要求经营者履行更换、修理等义务。没有国家规定和当事人约定的,消费者可以自收到商品之日起七日内退货;七日后符合法定解除合同条件的,消费者可以及时退货,不符合法定解除合同条件的,可以要求经营者履行更换、修理等义务。"通过初步调解,公司方同意为消费者更换踢脚线和退阳台柜,并表示安装过程中肯定会有很多问题,公司会积极配合处理问题。周某认为出现问题是公司对工人的培训不合格造成的,故需要赔偿。双方就赔偿方面未能达成一致。

接着,调解员又与公司方沟通,提出该公司工人在负责安装时存在一定的过失,给周某造成了很多不便与损失,根据《消费者权益保护法》第四十条规定:消费者在购买、使用商品或者接受服务时,其财产受到损害的,有权要求经营者依法对其造成的损失予以赔偿。因此,公司方应当适当承担一部分赔偿。

纠纷双方最终达成如下协议:(1)公司尽快为周某安装飞檐线及修补厨房吊柜柜体油漆;(2)公司对周某安装的踢脚线作退货处理,货款350元按原支付方式退还;(3)公司对在周某家安装吊柜套组过程中出现的问题给予周某1000元作为补偿。

案例二　网约车消费纠纷

消费者孔某向市消协投诉称,乘坐某网约车时消费体验感较差，结束后在平台给予司机差评。司机对此不满，白天黑夜不间断拨打电话骚扰怀有身孕的消费者孔某。消费者孔某要求涉事司机赔礼道歉并赔偿精神损失，双方协商无果，申请调解。

解析

经调查，消费者孔某反映情况属实。根据《民法典》第一千零三十二条："自然人享有隐私权。任何组织或者个人不得以刺探、侵扰、泄露、公开等方式侵害他人的隐私权。隐私是自然人的私人生活安宁和不愿为他人知晓的私密空间、私密活动、私密信息。"司机的行为侵犯了消费者生活安宁权。

根据《消费者权益保护法》第十四条"消费者在购买、使用商品和接受服务时，享有人格尊严、民族风俗习惯得到尊重的权利，享有个人信息依法得到保护的权利"之规定，司机的行为侵犯了消费者的人格尊严和个人信息保护权，造成消费者身心受伤害。

根据《消费者权益保护法》第五十条"经营者侵害消费者的人格尊严、侵犯消费者人身自由或者侵害消费者个人信息依法得到保护的权利的，应当停止侵害、恢复名誉、消除影响、赔礼道歉，并赔偿损失"之规定，理应进行赔偿。

经调解，司机向消费者赔礼道歉并赔偿损失3000元人民币；网约车公司对涉案司机永久封号、不再合作，与涉案合作外包服务平台终止合作。

案例三　网购油烟机消费纠纷

王某夫妇在网上购买了公司出售的油烟机、灶具套装，共计7200元，厂家进行了安装。不久，在使用过程中油烟机玻璃面板突然爆炸，造成王某妻子手部轻微受伤、灶具套装严重受损。王某夫妇向公司提出赔偿诉求，协商未果的情况下，双方向调委会申请调解。

当事人王某首先提供了爆炸现场的照片，并提出了包括精神损失费在内的20万元赔偿要求。冯某代表公司向王某夫妇表达了真诚的歉意，说明了“事故原因是该产品未经过检测就对外销售”，并认为此次事故的发生是偶然事件。同时，对于20万元索赔要求，冯某表示金额过高，公司不能接受。

解析

调解员向双方进行普法。《消费者权益保护法》第十一条规定：“消费者因购买、使用商品或者接受服务受到人身、财产损害的，享有依法获得赔偿的权利。”第十八条第一款规定：“经营者应当保证其提供的商品或者服务符合保障人身、财产安全的要求。对可能危及人身、财产安全的商品和服务，应当向消费者作出真实的说明和明确的警示，并说明和标明正确使用商品或者接受服务的方法以及防止危害发生的方法。”第四十四条第一款规定：“消费者通过网络交易平台购买商品或者接受服务，其合法权益受到损害的，可以向销售者或者服务者要求赔偿……”

在本案中，既然公司认可其销售的产品造成了王某夫妇的人身损害，也认可事故对消费者造成了较严重的身心影响，调解员建议首先拆除事故油烟机，以旧换新，由厂家重新更换产品，对此，公司代表冯某表示同意，主动提出为王某夫妇更换、安装新款油烟机。

针对公司代表冯某所提出的本案是由于该商品未经质量检

测就对外出售的观点，调解员指出，公司未能对所售产品的质量做保证，无法确保所销售产品符合保障人体健康和人身、财产安全的国家标准、行业标准，对事故负有全部责任。

在此基础上，《消费者权益保护法》第五十二条规定："经营者提供商品或者服务，造成消费者财产损害的，应当依照法律规定或者当事人约定承担修理、重作、更换、退货、补足商品数量、退还货款和服务费用或者赔偿损失等民事责任。"调解员提出，公司为王某重新更换全新的、符合产品质量的油烟机，是解决所售产品的质量问题，但对于消费者因购买、使用商品或者接受服务受到的人身、财产损害，也应依法给予赔偿。

调解员建议公司考虑王某妻子手部伤情，以及油烟机玻璃爆炸对二人造成的身心影响，结合《消费者权益保护法》第四十九条规定："经营者提供商品或者服务，造成消费者或者其他受害人人身伤害的，应当赔偿医疗费、护理费、交通费等为治疗和康复支出的合理费用，以及因误工减少的收入。造成残疾的，还应当赔偿残疾生活辅助具费和残疾赔偿金。造成死亡的，还应当赔偿丧葬费和死亡赔偿金。"建议公司按照王某妻子的实际情况赔偿相应损失。按照王某夫妇前期提供的票据，公司提出愿意赔偿 2.16 万元，希望王某夫妇考虑。

调解员对王某夫妇释理明法，表示对于王某夫妇提出的公司所售产品属于"劣质产品"，需要向市场监督管理部门申请进行专门鉴定的要求，鉴定时间较长，未必能达到王某夫妇的心理预期效果，还会拖延矛盾解决时间。调解员建议降低心理预期，适当考虑对方提出的合理赔偿方案。

最终，双方达成调解协议：(1) 公司赔偿王某各项损失共计

2.16万元；(2)公司于一周内上门拆除损坏的油烟机、灶具，于当日免费更换安装全新油烟机、灶具，并负责清理施工现场。

操作提示

调解消费纠纷时，界定纠纷性质，区分消费纠纷与其他纠纷，是非常重要的。国家市场监督管理总局发布《市场监督管理投诉举报处理暂行办法》第十五条明确规定投诉有“不是为生活消费需要购买、使用商品或者接受服务，或者不能证明与被投诉人之间存在消费者权益争议的”情形的，市场监督管理部门不予受理。

根据上述规定，职业打假人的投诉便不会被国家市场监督管理部门受理。对此，人民调解可以受理职业打假人与经营者的消费纠纷吗？对于调解过程中，一旦发现投诉人有可能是职业打假人的，笔者建议，安全起见，中止调解，建议当事人去司法机关进行诉讼。

小　结

本章对人民调解过程中的行业性、专业性调解，从一般侵权纠纷、工伤纠纷、劳动争议纠纷、消费纠纷等4个领域，进行了介绍和分析。

在一般侵权类纠纷的调解中，涉及普通的医疗纠纷、交通事故纠纷、动物伤人纠纷，这些纠纷所涉关系简单，调解员释法明理，一方面是对《民法典》相关规定的讲解阐释，另一方面是对当事人进行人情事理的耐心讲解，对纠纷的解决具有决定性的作用。

在工伤类和劳动类纠纷中，调解的关键一方面在于调解员对劳动类法律规范的熟悉与适用，另一方面在于调解员对于劳动法律关系特殊性的把握和有关问题的处理，既对处于弱势地位的工人一方给予较大的同情和帮助，又对处于相对强势地位的资方晓之以理、动之以情。协调纠纷双方的关系，很大程度上需要这种专业和行业的规范和技能。

在消费纠纷中，调解员一方面需要相关的法律知识，另一方面也需要一定的实地调研能力，需要在法律和事实两方面均有所作为，才可能做好这类纠纷的调解，二者缺一不可。另外，调解员根据自身的工作经验，提出一个非常关键的问题，即对消费纠纷与非消费纠纷的区分，这是此类纠纷调解的一个前提性问题。

由于人类生活的多样化和社会的复杂性，人们之间的纠纷也呈现复杂多样的特点，纠纷的处理也必然需要具有灵活性和适应性。人民调解所涉及的行业、专业非常之多，远不是本章所能穷尽的，比如医疗纠纷的调解、银行业纠纷的调解、道路交通纠纷调解等，已经在不少地方成为现实。人民调解的专业化发展势必是未来发展的新潮流，国家和社会也应为之做好准备。

第七章

司法部调解指导案例评析

来自权威机构的示范

司法部在介绍其机构职能、主要职责的第三部分第六项中提到“承担统筹规划法治社会建设的责任。负责拟订法治宣传教育规划,组织实施普法宣传工作……推动人民参与和促进法治建设。指导依法治理和法治创建工作。指导调解工作……”可见,司法部是国家法治建设的关键部门,也是包括人民调解在内的各种调解的指导部门,由人民参与和促进法治局“指导人民调解、行政调解和行业性专业性调解工作”。这两方面的职责决定着其发布的关于调解指导案例的性质和特点,一方面是对调解本身的指导性,另一方面则势必会体现法治、法律在调解中的地位和意义。

案例是公权力机关处理矛盾纠纷形成的公共产品,其载体常常是各种法律文书。案例指导制度是非常重要的一个制度,属于中国特色社会主义司法制度之一。在我们国家,案例载体比较复杂,比如有公安机关的案例、检察机关的案例、人民法院的案例和司法行政机关的案例,还有人民调解组织的案例。随着人民群众对案例制度的认识和重视,其不再局限于司法机关,行政机关、纪检监察机关也在发布指导性案例、实施案例指导制度。我国当下不仅强调规则法治,也日益重视案例法治。

最早在司法领域出现的案例指导制度,逐步地在行政、监察等领域扩展开来。《法治政府建设实施纲要(2021－2025年)》中提出："……建立行政执法案例指导制度，国务院有关部门和省级政府要定期发布指导案例。全面落实'谁执法谁普法'普法责任制，加强以案释法。"据此，司法部发布的指导案例，对调解工作具有示范和指引的意义，我们对此应该予以重视。

第一节

医疗纠纷调解案例评析

案例

患者刘某,85岁,就诊于某市医院。初步诊断:胆囊结石、胆管结石等多种疾病,此后进行手术。术后予以补液、保肝、抗感染等治疗。随后刘某出现喘息,查有哮鸣音,血氧降低,予心电监护、面罩吸氧等治疗,请重症科会诊。

会诊意见:心衰、呼衰,考虑不除外肺栓塞,告知病危,家属拒绝签字,转到重症医学科。后刘某经抢救无效死亡。死亡原因:心衰、呼衰,感染性休克,不除外肺栓塞等。做尸检时,家属只允许取食管、胃、十二指肠乳头、胆管、胰腺和髂骨骨髓组织,以验证手术是否成功及寻找感染源。尸检结果:检材镜下组织多自溶,胆管结构完整、通畅,排胆实验阳性,食管、胃、小肠、胆管及腹腔未见脓液、脓肿。因大多数主要脏器未能取材做镜检,死因难以确定,需结合临床资料综合分析。

解析

因刘某死亡,其家属与医院产生纠纷,向医院调解委申请调解。双方争议的焦点为:(1)医方告知沟通是否充分;(2)患者死亡原因。

首次调解时,患方家属情绪非常激动,无法与医方对话,调解员与医患双方分别进行了单方谈话。通过听取双方陈述、查阅病历,又经过多次与双方当事人交谈,调解员对这起纠纷的全貌有了整体深入的了解,认为医方在术式选择、术后治疗等方面并无大的问题,主要是在术后,就病情变化及治疗抢救措施与患方缺乏有效沟通。调解员提出初步责任分析意见,并提交审评会审评。审评会建议此纠纷启动专家咨询程序。但调解员将整理后的专家咨询意见反馈给医患双方后,双方均未认可,调解暂时处于中止状态。

之后,调解员通过多次单方谈话,与患方一起分析患者诊疗的全过程,指出不完全尸检给确定患者死因带来的困难。最终使患方认识到医方在患者治疗方面并无大的问题,就是在告知沟通环节做得不充分、不到位。在调解员的努力下,医患双方面对面就此纠纷的责任达成了一致意见。

依据《民法典》第一千二百一十八条"患者在诊疗活动中受到损害,医疗机构或者其医务人员有过错的,由医疗机构承担赔偿责任"与第一千二百二十一条"医务人员在诊疗活动中未尽到与当时的医疗水平相应的诊疗义务,造成患者损害的,医疗机构应当承担赔偿责任"之规定,在本起纠纷中医方应承担20%的责任。经依法测算,医方应向患方赔偿医疗费、住院伙食补助费、护理费、丧葬费、死亡赔偿金、被扶养人生活费、精神损害抚慰金共计70,020元。在调解员的主持下,医患双方签订调解协议书,并共同申请进行了司法确认。

上述医患纠纷,最终能够画上圆满的句号,与调解员高超的调解能力是分不开的,也可以说是调解员的工作起到了至关重要的作用。

操作提示

一、掌握基本事实,精准定位争议焦点,划清各自责任

案例中,"通过听取双方陈述、查阅病历,又经过多次与双方当事人交谈,调解员对这起纠纷的全貌有了整体深入的了解"表明,调解员对纠纷事实进行了全面的掌握,为调解该起纠纷奠定了基础。而"双方争议的焦点为:(1)医方告知沟通是否充分;(2)患者死亡原因"则表明调解员对双方争议焦点的总结十分到位,为如何解决该起纠纷锁定了方向。"认为医方在术式选择、术后治疗等方面并无大的问题,主要是在术后,就病情变化及治疗抢救措施与患方缺乏有效沟通。调解员提出初步责任分析意见,并提交审评会审评",上述处理表明调解员客观公正的责任划分让双方当事人心服口服。事实上,划清责任是调解医患纠纷至关重要的一步。

二、组合使用多种方法

"首次调解时,患方家属情绪非常激动,无法与医方对话,调解员与医患双方分别进行了单方谈话",是面对情绪激动的当事人采取的典型"背靠背调解法";而"审评会建议此纠纷启动专家咨询程序"则表明,针对专业问题,为打消一方当事人的不信任,调解员采用了"利用第三方即专家的方法";此外,"调解员将整理后的专家咨询意见反馈给医患双方后,双方均未认可,调解暂时处于中止状态"又表明,调解员面对一时难以解决的纠纷,采用了"冷处理法"。"医患双方面对面就此纠纷的责任达成了一致意见"表明,调解员掐准成熟时机,再度采用"面对面调解法"将双方请到一起作最后

调解。由此可见,调解一起纠纷往往不是使用一种方法就能奏效的,需要根据具体的情况组合多种方法才能起到良好的效果。

三、依法调解算清账,实现实质调解

“依据《民法典》第一千二百一十八条……第一千二百二十一条……之规定,在本起纠纷中医方应承担20%的责任”表明,依法调解是调解纠纷的重要原则。“经依法测算,医方应向患方赔偿医疗费、住院伙食补助费、护理费、丧葬费、死亡赔偿金、被扶养人生活费、精神损害抚慰金共计70,020元”则表明,调解协议上的赔偿金额并不是调解员信口开河的一笔糊涂账,而是在责任划清后有现实依据的一笔账,有法可依,才能让双方当事人心服口服。“在调解员的努力下,医患双方面对面就此纠纷的责任达成了一致意见”表明,双方接受了调解员的调解方案,对调解方案均表示满意,即双方实现了各自的利益最大化,这也是调解的最终目的,即实质调解,案结事了。

四、申请了司法确认,为协议的履行上了保险

“在调解员的主持下,医患双方签订调解协议书,并共同申请进行了司法确认”,表明双方签订的调解协议书没有立即得以履行。事实上,医院拒绝履行调解协议书的可能很小,但调解员担心死者家属对此会有忧虑,故告知了司法确认流程并引导当事人申请了司法确认。这是调解员工作非常到位的表现,值得肯定。实务工作中,不少调解员对司法确认制度了解较少。如果调解协议书不能得以全面履行,调解工作的效果可能大打折扣,增加当事人成本。因此,对于存在不能履行的调解协议书,要及时引导当事人进行司法确认。

第二节

邻里纠纷调解案例评析

案例

陈某购买了一台渔网编织机，将其安置于自家院子中，运用电力机械化编织渔网并出售以增加经济收入。不久，陈某家隔壁的民宿房主高某找到陈某，表示近日接连有房客反映陈某的渔网编织机噪声较大，影响房客正常休息，无法安睡。房客们表达的不满影响了民宿的经营，高某遂要求陈某将机器搬走，陈某不同意。双方多次协商未果，发生纠纷。

某日上午，高某到调委会申请调解该纠纷。在征得陈某同意后，调委会受理了该纠纷。

解析

当天下午，调委会指派3名调解员走访双方当事人，并对两家及周边环境进行实地观察。据了解，高某依托村里的民房和庭院投资改造成民宿。不久后陈某购置渔网编织机并开始连夜作业。陈某认为，其在自家院子进行渔网编织作业与高某无关，且安装机器时高某尚未建成民宿，故不同意将机器搬迁。

调解员遂建议高某免费让陈某在民宿住宿，亲身体验后再进行下一步调解，高某同意。于是陈某当晚在民宿住宿，陈某家属通宵开机。次日上午，调解员询问陈某前晚睡眠状况，陈某表示机器噪声影响睡眠，心情烦躁难耐。实地的观察和亲身体验的反馈让调解员对纠纷调解有了进一步把握。

当日下午，调解员组织双方当事人再度调解。高某认为，村民房屋应主要用于居住，如陈某不搬走机器，不但影响民宿游客的休息，亦将影响村民生活。陈某则表示，在民宿睡眠体验后已切身体会到噪声的影响，但因未找到合适的地方安置机器，也并无资金投入建设厂房，不搬亦系无奈之举。

调解员决定采取“背靠背调解法”以缩小双方当事人的分歧。首先，调解员向陈某进行了普法。《民法典》第二百九十四条规定：“不动产权利人不得违反国家规定弃置固体废物，排放大气污染物、水污染物、土壤污染物、噪声、光辐射、电磁辐射等有害物质。”第一千一百六十七条规定：“侵权行为危及他人人身、财产安全的，被侵权人有权请求侵权人承担停止侵害、排除妨碍、消除危险等侵权责任。”《环境噪声污染防治法》（已失效）第六十一条第一款规定：“受到环境噪声污染危害的单位和个人，有权要求加害人排除危害；造成损失的，依法赔偿损失。”通过调解员对相关法律进行的解释后，陈某再次认识到自己制造噪声的行为不当。

随后，调解员表示对高某的心情表示理解，指出了陈某的不当之处，但同时也向高某说明了陈某家目前的困境：陈某掏空家底并向亲属借钱才得以购买机器，出售渔网系陈家目前唯一经济来源，搬离机器或停止作业均难以实现。在调解员的耐心劝解下，高某的态度发生了转变，表态陈某可以不搬离机器，但须消除机器作业产生的噪声。

见双方当事人分歧逐步缩小，调解员趁热打铁提出解决方案：一是在陈某在民宿与自家之间修建一道隔音围墙；二是陈某在机器底部加装防震装置；三是陈某停止中午、晚上及法定节假日期间的渔网编织工作。双方均表示方案妥当，遂签订了调解协议书，内容如下：

(1)自签订本协议之日起，陈某必须在中午 11:30 至 14:30、晚上 22:00 至次日早上 08:30 及国家法定节假日期间停止渔网编织工作；

(2)4 月 15 日前，陈某在渔网编织机底部加装防震装置，减少编织工作时的噪声；

(3)4 月 30 日前，陈某负责在高某的民宿与陈某家之间修建一道隔音围墙，费用、人工、材料等由陈某承担。

上述调解案例，笔者认为属于典型的实现案结事了的案例，调解员兼顾了国法、天理与人情，十分值得称赞。

操作提示

一、调解员爱岗敬业，公道正派

该案中，调委会上午接到高某求助，下午就指派了 3 名调解员实地走访并开展调解。紧接着，调解员当晚进行噪音体验并在次日全力以赴解决纠纷。此举表明，调解员非常敬业，始终坚持以双方当事人合法权益为中心，无任何消极态度和推诿行为。如此不仅拉进了与当事人之间的距离，也取得了当事人的信任，为成功调解打下基础。同时，调解员充分理解各方的难处，并未采取简单粗暴的方式机械理解适用法律，而是积极寻找突破口解决问题，公道正派，使双方满意。

二、精准锁定利益争议点，成功找到调解方案，实现双方利益最大化

3 名调解员通过走访发现双方的争议在于各方都在前期投入巨资欲获得收益，但因为噪声问题发生了根本上的利益冲突。针对该冲突，调解员在双方利益都不受原则性影响的前提下，建议陈某通过多项整改措施将对他人的影响降至最低，同时保障自己的利益，实现共赢。本案能入选司法部指导案例实至名归，真正实现了人民调解的应有之义，值得称道。

三、“现场调解法”为本案的成功调解发挥了至关重要的作用

本案中，有 2 个细节牵涉到“现场”，其一为调解员为了解基本情况，对高某的民宿和陈某家及周边环境进行实地观察，此乃对案情进行最直接的了解，也是阅读案卷与倾听当事人陈述无法达到的效果；其二是调解员“建议高某免费让陈某在民宿住宿，亲身体验后再进行下一步调解”，通过陈某“去现场”，使一方当事人换位思考，为同意调解员提出的方案打下扎实的基础。实务工作中，邻里纠纷的调解可如本案使用多种办法，但最原始的“现场调解法”是其他方法都无可比拟的。

四、落实“谁服务谁普法”的工作职责，起到了良好的普法效果

《人民调解法》第二十一条第一款规定，人民调解员调解民间纠纷，应当明法析理。调解民间纠纷，应当及时、就地进行，防止矛盾激化。同时，第二十二条规定，人民调解员调解民间纠纷，讲解有关法律、法规和国家政策。上述规定，便是“谁服务谁普法”的法条依据。本案调解员向当事人普及了《民法典》、《环境噪声

污染防治法》(已失效)相关法律知识,使当事人认识到自己的行为侵犯了他人的合法权益,最终不仅成功化解了纠纷,还增强了当事人的法治观念。

第三节 合同纠纷调解案例评析

案例

张某女儿张某甲8周岁，平时和奶奶共同居住。张某甲每天需要上网课，并用奶奶的手机做作业。某日，张某发现十几条消费提醒短信，显示昨晚消费了8万余元。

经反复询问，张某甲承认在2个知名直播软件甲平台、乙平台注册账号，并不时给主播点赞。事发当晚，张某甲做完作业后，趁奶奶做家务间歇打开了直播软件，见主播在索要礼物，觉得好玩就点击屏幕上的“嘉年华”“游轮”，充值“快币”赠送“厚礼”。

得知实情后，张某相继联系了2个平台的客服，乙平台根据其提供的资料退回3万余元，但甲平台多次驳回其申请。1周后，张某来到调委会寻求帮助。

解析

调解员对案情梳理后，明确该纠纷的矛盾焦点在于证明进行直播打赏的行为人是未成年人。调解员对当事人家庭情况作了全面调查，并联合学校老师共同调查取证，通过连续几个晚上观看事发当晚甲平台直播视频取得关键证据。

证据一：账号“小可爱小白兔”于事发当晚在甲平台的充值、消费后台账单。

证据二：事发当晚甲平台主播“某乐学长”直播视频中的2段对话。直播视频总时长3个多小时，其中13：44～13：57时段中，2个主播对话，一位主播问“某乐学长”：“你家那个‘小可爱’在吗？那个小学生。”在01：30：55～01：32：20时段中，2个主播对话说道：“‘小可爱’当晚从1级刷到33级，花费了4万至5万元。”

这两段关键视频可证明2个主播明确知道“小可爱”的身份是小学生，打赏金额也与张某提供的甲平台消费账单相符。

证据三：通过调解员实地调查，发现张某甲的奶奶是一位来自农村的文化水平较低的老人，注册网络平台账号并取名“小可爱小白兔”，向一个直播平台“打赏”近5万元，不符合其生活消费习惯。相反，该账号在平台上点赞的内容符合小学生的观看习惯和喜好。

调解员通过申诉平台向甲平台提供了上述证据，并追加了文字说明，却依旧被甲平台驳回申诉。调解员多次与客服沟通要求与甲平台负责未成年人维权的工作人员一对一进行直接联系，也遭到拒绝。在多次沟通无效后，调解员重新调整调解方向，梳理调解思路。

根据《民法典》第十九条规定：“八周岁以上的未成年人为限制民事行为能力人，实施民事法律行为由其法定代理人代理或者经其法定代理人同意、追认；但是，可以独立实施纯获利益的民事法律行为或者与其年龄、智力相适应的民事法律行为。”第一百四十五条第一款规定：“限制民事行为能力人实施的纯获利益的民事法律行为或者与其年龄、智力、精神健康状况相适应的民事法律行为有效;实施的其他民事法律行为经法定代理人同意或者追认后有效。”最高人民法院《关于依法妥善审理涉新冠肺炎疫情民事案件若干问题的指导意见(二)》第一部分第九项中明确规定:“限制民事行为能力人未经其监护人同意,参与网络付费游戏或者网络直播平台‘打赏’等方式支出与其年龄、智力不相适应的款项,监护人请求网络服务提供者返还该款项的,人民法院应予支持。”本案中,未成年人的监护人完全可以通过法律手段要求甲平台退回“打赏”。

同时,调解员也发现甲平台在管理上存在诸多问题。按照《国家广播电视总局关于加强网络秀场直播和电商直播管理的通知》第六部分要求:“网络秀场直播平台要对网络主播和‘打赏’用户实行实名制管理。未实名制注册的用户不能打赏,未成年用户不能打赏。要通过实名验证、人脸识别、人工审核等措施,确保实名制要求落到实处,封禁未成年用户的打赏功能。平台应对用户每次、每日、每月最高打赏金额进行限制。在用户每日或每月累计‘打赏’达到限额一半时,平台应有消费提醒,经短信验证等方式确认后,才能进行下一步消费,达到‘打赏’每日或每月限额,应暂停相关用户的‘打赏’功能……”本案中,该账号所在平台未经实名认证就能使用“打赏”功能,严重违反了国家有关规定。

调解员调整了与客服的沟通方案,从证据和普法的角度双管齐下,在对甲平台就上述法律法规进行释法明理的同时,指出了甲平台存在实名制管理不到位等问题,甲平台管理人员主动与调解员取得了联系,对调解员的释法表示认可,承认自身存在的问题,同意在10个工作日内退回包括打赏“某乐学长”主播在内的款项48,709元,并通过电话与张某达成调解合意。

经调解，双方达成如下调解协议：甲平台在 10 个工作日内退回包括打赏“某乐学长”主播在内的款项 48,709 元。

“笔者”看到结果的时候可谓是长舒一口气，因为本案调解的难度很大，本案也是调解员为弱势当事人主持公道的经典案例，值得大家学习参考。

操作提示

一、锁定证据是本案能调解成功的基础

本案中，张某 8 周岁的女儿在平台上消费了 8 万余元，能够得以退回，须证明该行为系未成年人消费行为，而非成年人消费行为。对此，调解员不仅对当事人家庭情况作了全面调查，也联合学校老师共同调查取证，通过连续几个晚上观看事发当晚甲平台直播视频取得了关键证据，为本案的成功调解奠定了坚实基础。事实上，想让一方或者双方当事人能够爽快地答应对方的合法合理的利益诉求，需要对方或者调解员拿出过硬的证据直击对方软肋。

二、抓住当事人的利益痛点是调解成功的关键

本案中，调解员虽然掌握了当事人系限制民事行为能力人且其打赏行为没有得到监护人追认的事实，但调解员申诉并希望一对一联系平台负责未成年人维权的工作人员的请求均被拒绝，表明在现实中，仅仅掌握对方败诉的证据也不足以让对方让步。真正让平台愿意退费的主要原因是平台在管理上存在的诸多问题已被调查取证，若平台再不让步，其潜在利益可能面临更严重的惩罚和更庞大的经济损失，因而在利益权衡之后才愿意退费。实

务工作中，当事人都是理性的利益人，想让对方答应自己的诉求，得先保障其自身利益。因此，调解员要时刻不忘抓住双方各自的利益“痛点”，提出使双方均认为自己利益最大化的方案。

三、绝不向不讲理的当事人让步，拒绝和稀泥调解

本案中，调解员在调解受阻后发现，依据《民法典》与最高人民法院《关于依法妥善审理涉新冠肺炎疫情民事案件若干问题的指导意见（二）》的规定，未成年人的监护人完全可以通过法律手段要求甲平台退回“打赏”。面对平台多次无理的拒绝，调解员并未让步，依法保护利益受到损害的一方当事人，最终平台如数退还自己不合法所得，当事人利益得以保护。实务工作中，面对蛮横纠缠的当事人，个别调解员为了摆平纠纷会反复去劝说利益应受保护的当事人作出让步，让蛮横者获利，长此以往会形成恶性循环，破坏社会公平，也影响调解员的形象。

四、线上调解提高了调解效率

疫情后，线下调解工作受到较大影响，线上调解已成为特殊情况下的重要途径。事实上，随着智能化的来临及百姓对互联网的熟练使用，近年来线上调解逐步成为一种重要的调解模式。本案中，笔者注意到调解员通过线上联系平台，并通过线上固定好证据，最后通过线上达成调解协议，效率之高堪称调解的“天花板”。同时，笔者也注意到，调解员主动通过线上工作不推诿，也体现了其敬业精神。但是，无论互联网如何发达，线上调解工作暂时无法成为调解工作的主流，但可以成为线下调解的重要补充，并大大提高调解工作的效率，调解员也应该认识到线上调解的价值，主动使用这种调解方式。

小　结

本章选择了司法部发布的3个方面的调解指导性案例，包括医疗纠纷调解、邻里纠纷调解，以及合同纠纷调解，这是我们日常生活中最为常见的3种纠纷类型，关于此3类纠纷的调解及其经验总结，对后续类似纠纷的调解具有指导性意义和非常实用的参考价值。

纵观3类纠纷的调解过程及其结果，总结起来主要有以下几点经验。

一、调解员自身必须具备一定的人文素质

调解员“公道正派”不仅是《人民调解法》的明文规定，也是调解员们的经验总结。除此之外，现代社会是法治社会，这要求调解员必须具备一定的法律专业知识和素养，随时随地能够从法律的角度对纠纷进行定性和分析，明晰法律关系以及双方的权利义务；调解员还必须熟悉人情事理，只有懂得相关的人情事理才可能实质性地化解纠纷，实现社会的和谐。

二、调解员需要具有有逻辑、理性地处理问题的能力

当人们之间产生矛盾纠纷需要第三方调解介入时，往往是公说公有理、婆说婆有理，纠纷双方彼此不能说服，矛盾不可调和，这种情况下，就需要没有利害关系的调解员能够有逻辑地、理性

地分析问题的本质，抓住当事人的利益痛点，这样的调解才可能让当事人心服口服，做到实质性地化解纠纷，这也符合国家和社会对人民调解的期待。

三、调解过程要做到原则性和灵活性的统一

原则性主要指的是调解的过程要遵守国家法律规定，尊重相关的人情事理，不能通过“和稀泥”而息事宁人，不能“向坏人让步”；灵活性则指的是调解方法尽量多样化，面对不同的当事人，不同的矛盾纠纷，不同的时间、空间等，要选择适宜的方法和策略，做到因地、因时、因事、因人制宜，这样才能有效、彻底化解矛盾纠纷。

司法部的指导性案例是调解的榜样，具有指导性和引领性，大家在调解过程中应该予以学习和借鉴，在学习中实践、在实践中提高和完善调解技能。

附　录

1. 中华人民共和国人民调解法

（2010年8月28日第十一届全国人民代表大会常务委员会第十六次会议通过，自2011年1月1日起实施）

第一章　总　　则

第一条　为了完善人民调解制度，规范人民调解活动，及时解决民间纠纷，维护社会和谐稳定，根据宪法，制定本法。

第二条　本法所称人民调解，是指人民调解委员会通过说服、疏导等方法，促使当事人在平等协商基础上自愿达成调解协议，解决民间纠纷的活动。

第三条　人民调解委员会调解民间纠纷，应当遵循下列原则：

（一）在当事人自愿、平等的基础上进行调解；

（二）不违背法律、法规和国家政策；

（三）尊重当事人的权利，不得因调解而阻止当事人依法通过仲裁、行政、司法等途径维护自己的权利。

第四条　人民调解委员会调解民间纠纷，不收取任何费用。

第五条　国务院司法行政部门负责指导全国的人民调解工作，县级以上地方人民政府司法行政部门负责指导本行政区域的人民调解工作。

基层人民法院对人民调解委员会调解民间纠纷进行业务指导。

第六条　国家鼓励和支持人民调解工作。县级以上地方人民政府对人民调解工作所需经费应当给予必要的支持和保障，对有突出贡献的人民调解委员会和人民调解员按照国家规定给予表彰奖励。

第二章　人民调解委员会

第七条　人民调解委员会是依法设立的调解民间纠纷的群众性组织。

第八条　村民委员会、居民委员会设立人民调解委员会。企业事业单位根据需要设立人民调解委员会。

人民调解委员会由委员三至九人组成，设主任一人，必要时，可以设副主任若干人。

人民调解委员会应当有妇女成员，多民族居住的地区应当有人数较少民族的成员。

第九条　村民委员会、居民委员会的人民调解委员会委员由村民会议或者村民代表会议、居民会议推选产生；企业事业单位设立的人民调解委员会委员由职工大会、职工代表大会或者工会组织推选产生。

人民调解委员会委员每届任期三年，可以连选连任。

第十条　县级人民政府司法行政部门应当对本行政区域内人民调解委员会的设立情况进行统计，并且将人民调解委员会以及人员组成和调整情况及时通报所在地基层人民法院。

第十一条　人民调解委员会应当建立健全各项调解工作制度，听取群众意见，接受群众监督。

第十二条　村民委员会、居民委员会和企业事业单位应当为人民调解委员会开展工作提供办公条件和必要的工作经费。

第三章 人民调解员

第十三条 人民调解员由人民调解委员会委员和人民调解委员会聘任的人员担任。

第十四条 人民调解员应当由公道正派、热心人民调解工作，并具有一定文化水平、政策水平和法律知识的成年公民担任。

县级人民政府司法行政部门应当定期对人民调解员进行业务培训。

第十五条 人民调解员在调解工作中有下列行为之一的，由其所在的人民调解委员会给予批评教育、责令改正，情节严重的，由推选或者聘任单位予以罢免或者解聘：

（一）偏袒一方当事人的；

（二）侮辱当事人的；

（三）索取、收受财物或者牟取其他不正当利益的；

（四）泄露当事人的个人隐私、商业秘密的。

第十六条 人民调解员从事调解工作，应当给予适当的误工补贴；因从事调解工作致伤致残，生活发生困难的，当地人民政府应当提供必要的医疗、生活救助；在人民调解工作岗位上牺牲的人民调解员，其配偶、子女按照国家规定享受抚恤和优待。

第四章 调解程序

第十七条 当事人可以向人民调解委员会申请调解；人民调

解委员会也可以主动调解。当事人一方明确拒绝调解的，不得调解。

第十八条 基层人民法院、公安机关对适宜通过人民调解方式解决的纠纷，可以在受理前告知当事人向人民调解委员会申请调解。

第十九条 人民调解委员会根据调解纠纷的需要，可以指定一名或者数名人民调解员进行调解，也可以由当事人选择一名或者数名人民调解员进行调解。

第二十条 人民调解员根据调解纠纷的需要，在征得当事人的同意后，可以邀请当事人的亲属、邻里、同事等参与调解，也可以邀请具有专门知识、特定经验的人员或者有关社会组织的人员参与调解。

人民调解委员会支持当地公道正派、热心调解、群众认可的社会人士参与调解。

第二十一条 人民调解员调解民间纠纷，应当坚持原则，明法析理，主持公道。

调解民间纠纷，应当及时、就地进行，防止矛盾激化。

第二十二条 人民调解员根据纠纷的不同情况，可以采取多种方式调解民间纠纷，充分听取当事人的陈述，讲解有关法律、法规和国家政策，耐心疏导，在当事人平等协商、互谅互让的基础上提出纠纷解决方案，帮助当事人自愿达成调解协议。

第二十三条 当事人在人民调解活动中享有下列权利：

（一）选择或者接受人民调解员；

（二）接受调解、拒绝调解或者要求终止调解；

（三）要求调解公开进行或者不公开进行；

（四）自主表达意愿、自愿达成调解协议。

第二十四条 当事人在人民调解活动中履行下列义务：

（一）如实陈述纠纷事实；

（二）遵守调解现场秩序，尊重人民调解员；

（三）尊重对方当事人行使权利。

第二十五条 人民调解员在调解纠纷过程中，发现纠纷有可能激化的，应当采取有针对性的预防措施；对有可能引起治安案件、刑事案件的纠纷，应当及时向当地公安机关或者其他有关部门报告。

第二十六条 人民调解员调解纠纷，调解不成的，应当终止调解，并依据有关法律、法规的规定，告知当事人可以依法通过仲裁、行政、司法等途径维护自己的权利。

第二十七条 人民调解员应当记录调解情况。人民调解委员会应当建立调解工作档案，将调解登记、调解工作记录、调解协议书等材料立卷归档。

第五章 调解协议

第二十八条 经人民调解委员会调解达成调解协议的，可以制作调解协议书。当事人认为无需制作调解协议书的，可以采取口头协议方式，人民调解员应当记录协议内容。

第二十九条 调解协议书可以载明下列事项：

（一）当事人的基本情况；

（二）纠纷的主要事实、争议事项以及各方当事人的责任；

（三）当事人达成调解协议的内容，履行的方式、期限。

调解协议书自各方当事人签名、盖章或者按指印，人民调解员签名并加盖人民调解委员会印章之日起生效。调解协议书由当事人各执一份,人民调解委员会留存一份。

第三十条 口头调解协议自各方当事人达成协议之日起生效。

第三十一条 经人民调解委员会调解达成的调解协议,具有法律约束力,当事人应当按照约定履行。

人民调解委员会应当对调解协议的履行情况进行监督,督促当事人履行约定的义务。

第三十二条 经人民调解委员会调解达成调解协议后,当事人之间就调解协议的履行或者调解协议的内容发生争议的,一方当事人可以向人民法院提起诉讼。

第三十三条 经人民调解委员会调解达成调解协议后,双方当事人认为有必要的,可以自调解协议生效之日起三十日内共同向人民法院申请司法确认,人民法院应当及时对调解协议进行审查,依法确认调解协议的效力。

人民法院依法确认调解协议有效,一方当事人拒绝履行或者未全部履行的,对方当事人可以向人民法院申请强制执行。

人民法院依法确认调解协议无效的,当事人可以通过人民调解方式变更原调解协议或者达成新的调解协议,也可以向人民法院提起诉讼。

第六章 附 则

第三十四条 乡镇、街道以及社会团体或者其他组织根据需要可以参照本法有关规定设立人民调解委员会,调解民间纠纷。

第三十五条 本法自2011年1月1日起施行。

2. 全国人民调解工作规范

(SF/T 0083—2020)

(2020年12月30日中华人民共和国司法部发布，自2020年12月30日起实施)

目　次

前　言

本文件按照 GB/T 1.1—2020《标准化工作导则　第 1 部分：标准化文件的结构和起草规则》的规定起草。

本文件由司法部人民参与和促进法治局提出。

本文件由司法部信息中心归口。

本文件起草单位：司法部人民参与和促进法治局、司法部信息中心、中华全国人民调解员协会。

本文件主要起草人：罗厚如、郑文彪、李冰、白杰、奚军庆、熊飞、侯望。

全国人民调解工作规范

1　范围

本文件规定了人民调解组织、人民调解员、调解程序、调解制度、工作保障和工作指导等要求。

本文件适用于人民调解工作。

2　规范性引用文件

下列文件中的内容通过文中的规范性引用而构成本文件必不可少的条款。其中，注日期的引用文件，仅该日期对应的版本适用于本文件；不注日期的引用文件，其最新版本（包括所有的修改单）适用于本文件。

SF/T 0018—2019 全国人民调解管理信息系统技术规范

司复[2003]13 号　司法部关于制发人民调解委员会印章问题的批复

司办通[2004]第 171 号　司法部办公厅关于启用人民调解标识和徽章的通知

司发通[2010]239 号　司法部关于印发人民调解文书格式和统计报表的通知

3　术语和定义

下列术语和定义适用于本文件。

3. 1

人民调解 people's mediation

人民调解委员会通过说服、疏导等方法,促使当事人在平等协商基础上自愿达成调解协议,解决民间纠纷的活动。

[来源:SF/T 0018—2019,3. 3]

3. 2

人民调解组织 people's mediation organization

依法设立的调解民间纠纷的群众性组织。

注:人民调解组织包括人民调解委员会、人民调解小组、人民调解工作室和人民调解中心等。

3. 3

行业性、专业性人民调解组织 industrial/professional people's mediation organization

依法设立的调解特定行业和专业领域矛盾纠纷的群众性组织。

3.4

人民调解委员会设立单位 establishment unit of people's mediation committee

设立人民调解委员会的村民委员会、居民委员会、企业事业单位以及乡镇、街道、社会团体或者其他组织等。

3.5

人民调解员 people's mediator

符合法定条件,经推选或者聘任,在人民调解委员会从事调解工作的人员。

注:人民调解员包括人民调解委员会委员和人民调解委员会聘任的人员。

3.6

专职人民调解员 full-time people's mediator

符合规定条件,通过一定选聘程序,在人民调解委员会专门从事调解工作的人民调解员(3.5)。

3.7

兼职人民调解员 part-time people's mediator

具有本职工作,在人民调解委员会兼职从事调解工作的人民调解员(3.5)。

4 人民调解组织

4.1 设立

4.1.1 人民调解委员会的设立

人民调解委员会的设立要求如下:

a)村(居)民委员会应设立人民调解委员会,调解辖区内的民间纠纷;

b)乡镇(街道)可设立人民调解委员会,调解辖区内跨区域、跨单位的民间纠纷和重大疑难复杂民间纠纷;

c)企(事)业单位可根据需要设立人民调解委员会,调解本单位内部发生的民间纠纷;

d)社会团体或者其他组织可根据需要设立行业性、专业性和区域性人民调解委员会,调解所在行政区域范围内本行业、专业和特定区域内的民间纠纷。

4.1.2　人民调解小组的设立

村(社区)人民调解委员会和企(事)业单位人民调解委员会根据需要,可在自然村、小区、楼院和车间等设立人民调解小组。

4.1.3　人民调解工作室的设立

人民调解工作室的设立要求如下:

a)人民调解委员会根据人民调解员的申请,并由县级以上司法行政机关命名,可以人民调解员姓名或特有名称设立个人调解工作室;

b)人民调解委员会根据需要,可在法院、公安、信访等单位和特定场所设立派驻调解工作室。

4.1.4　人民调解中心的设立

县级以上司法行政机关根据需要,可依托公共法律服务中心等,设立综合性、一站式的人民调解中心,可开展以下工作:

a)统筹区域内人民调解资源,联动调解辖区内的重大疑难复杂民间纠纷以及跨乡镇、街道和跨行业、专业领域的民间纠纷;

b)作为区域内人民调解、行政调解、司法调解联动工作平台,统一受理并组织调解党委、政府和人民法院等有关部门移送委托调解的民间纠纷；

c)汇聚区域内各类行业性、专业性人民调解组织，实现资源整合，人员共享；

d)开展区域内人民调解员的业务培训；

e)办理本级司法行政机关委托的事项。

4.1.5 情况报送

人民调解委员会及其所属人民调解工作室设立、变更和撤销情况报送要求如下：

a)村(社区)人民调解委员会、乡镇(街道)人民调解委员会和企(事)业单位人民调解委员会及其所属人民调解工作室应自设立之日起三十日内，将组织名称、人员组成、工作地址和联系方式等情况提交所在地司法所报县级司法行政机关；

b)行业性、专业性人民调解委员会和其他类型的人民调解委员会及其所属人民调解工作室应自设立之日起三十日内，将组织名称、人员组成、工作地址和联系方式等情况报所在地县级以上司法行政机关；

c)人民调解委员会及其所属人民调解工作室组织名称、人员组成、工作地址和联系方式等情况发生变更或者撤销的，应自变更、撤销之日起三十日内报相应的司法行政机关。

4.2 名称

4.2.1 人民调解委员会的名称

人民调解委员会的名称要求如下：

a)村(居)民委员会设立的人民调解委员会名称一般应由“所在村或社区名称”和“人民调解委员会”两部分内容顺序组

合而成;

b)乡镇(街道)设立的人民调解委员会名称一般应由"所在乡镇或街道行政区划名称"和"人民调解委员会"两部分内容顺序组合而成;

c)企(事)业单位设立的人民调解委员会名称一般应由"所在企业事业单位名称"和"人民调解委员会"两部分内容顺序组合而成;

d)社会团体或者其他组织设立的人民调解委员会名称一般应由"社会团体或者其他组织名称"和"人民调解委员会"两部分内容顺序组合而成;

e)行业性、专业性和区域性人民调解委员会名称一般应由"所在行政区划名称""行业、专业纠纷类型或特定区域名称"和"人民调解委员会"三部分内容顺序组合而成。

4.2.2　人民调解工作室的名称

人民调解工作室的名称要求如下:

a)个人调解工作室名称的全称一般应由"所属人民调解委员会名称""个人姓名或特有名称"和"调解工作室"三部分内容顺序组合而成;简称由"个人姓名或特有名称"和"调解工作室"两部分内容顺序组合而成;

b)派驻调解工作室名称的全称一般应由"所属人民调解委员会名称""驻""派驻单位或特定场所名称"和"调解工作室"四部分内容顺序组合而成;简称由"驻""派驻单位或特定场所名称"和"调解工作室"三部分内容顺序组合而成。

4.2.3　人民调解中心的名称

人民调解中心名称一般应由"所在行政区划名称"和"人民调

解中心”两部分内容顺序组合而成。

4.3 标牌和印章

4.3.1 人民调解组织的标牌

人民调解组织的标牌要求如下：

a）有独立工作场所的，应在工作场所外悬挂人民调解委员会、人民调解工作室和人民调解中心标牌。标牌一般应为竖式外挂标牌，悬挂于正门一侧合适位置，竖式外挂标牌样式见附录A.1；

b）无独立工作场所的，一般应在调解室门一侧或上侧合适位置悬挂人民调解委员会、人民调解工作室和人民调解中心方形标牌，方形标牌样式见附录A.2。

4.3.2 人民调解委员会的印章

按照司复［2003］13号的规定，人民调解委员会的印章实行全国统一规格和式样。要求如下：

a）印章应为圆形，直径D=4.2cm，中央刊五角星；

b）五角星外刊人民调解委员会所在地行政区划名称或者所属群众自治组织、企业事业单位和社团组织的法定名称，自左至右环形；

c）五角星下刊“人民调解委员会”字样，自左至右直形。

4.4 标识和徽章

4.4.1 样式

按照司办通［2004］第171号的要求，人民调解标识和徽章图案应由握手、橄榄叶和汉字、拼音组成，图案主体部分由象征友好的握手、象征奉献的红心和代表和平与希望的绿色橄榄枝构成，应符合附录B样式要求。

4.4.2　使用

人民调解标识和徽章的使用要求如下：

a)人民调解组织应在调解场所醒目位置悬挂全国统一的、符合4.4.1要求的人民调解标识；

b)人民调解员开展调解工作应佩带全国统一的、符合4.4.1要求的人民调解徽章。

4.5　场所设置

人民调解组织场所设置要求如下：

a)人民调解组织应以方便群众和方便调解为目的选择办公地点，可与村(居)民委员会、司法所、公共法律服务中心(站、室)等合用办公场所，具备条件的也可单独设置办公场所；

b)办公场所一般应设置办公室、接待室、调解室和档案室等(可一室多用)，配备办公桌椅、资料柜、电话、电脑和复印机等必要的办公设施；

c)调解室内应上墙公示人民调解工作原则、工作任务、调解流程、人民调解委员会组成人员、调解工作纪律和当事人权利义务等内容。

4.6　工作职责

4.6.1　调解民间纠纷，防止民间纠纷激化。

要求如下：

a)一般矛盾纠纷

对婚姻家庭、邻里、房屋宅基地等常见多发的矛盾纠纷，村(社区)、乡镇(街道)人民调解委员会应采取法理情相结合等方法，及时就地进行化解，努力实现小事不出村(社区)、大事不出乡镇(街道)。

b)行业和专业领域矛盾纠纷

对医疗、道路交通、劳动争议、物业管理等行业和专业领域矛盾纠纷,相关行业性、专业性人民调解组织应运用专业知识,借助专业力量开展调解,同时拓展在消费、旅游、环保、金融、保险、互联网和知识产权等领域开展人民调解工作。

c)重大疑难复杂矛盾纠纷

对涉及当事人多、案情复杂或社会影响大的矛盾纠纷,以及可能引发群体性事件、越级上访或民转刑等矛盾纠纷,应统筹律师、基层法律服务、公证、司法鉴定、法律援助和法治宣传等法律服务资源,加强与行政调解、行业性专业性调解、仲裁、行政裁决、行政复议和诉讼等衔接联动,形成矛盾纠纷化解工作合力。

4.6.2 开展矛盾纠纷排查,及时发现矛盾纠纷风险隐患。

要求如下:

a)普遍排查

在农村以村为单位,在城市以小区或网格为单位,一般应每周开展一次矛盾纠纷排查;乡镇(街道)每月开展一次矛盾纠纷排查,县(市、区)每季度开展一次矛盾纠纷排查。

b)重点排查

应聚焦矛盾纠纷易发多发的重点地区、重点领域、重点人群和重要时段,有针对性开展矛盾纠纷排查。

c)对排查出的矛盾纠纷苗头隐患应分类梳理,建立台账,做到底数清、情况明。

4.6.3 应通过调解工作宣传法律、法规、规章和政策,弘扬社会主义法治精神和社会主义核心价值观,教育公民遵纪守法,尊重社会公德,预防民间纠纷发生。

4.6.4　应向人民调解委员会设立单位、基层人民政府、相关行业主管部门和司法行政机关反映民间纠纷和调解工作的情况。

5　人民调解员

5.1　条件

人民调解员条件包括但不限于以下要求:

a)人民调解员应由公道正派、廉洁自律和热心人民调解工作,并具有一定文化水平、政策水平和法律知识的成年公民担任;

b)基层人民调解员应注重从德高望重的人士中选聘;

c)乡镇(街道)人民调解委员会的调解员一般应具有高中以上学历;

d)行业性、专业性人民调解委员会的调解员一般应具有大专以上学历,并具有相关行业、专业知识或工作经验。

5.2　产生

5.2.1　人民调解委员会委员

人民调解委员会委员应经推选产生。人民调解委员会委员任期届满,应及时改选,可连选连任。要求如下:

a)村(社区)人民调解委员会委员应依法由村民会议或者村民代表会议、居民会议或者居民代表会议推选产生,可由村(居)民委员会成员兼任;

b)企(事)业单位人民调解委员会委员应依法由职工大会、职工代表大会或者工会组织推选产生,可由企业劳动争议调解委员会组成人员兼任;

c)乡镇(街道)人民调解委员会委员可由行政区域内村(居)

民委员会、有关单位、社会团体和其他组织推选产生，乡镇（街道）司法所工作人员可兼任委员；

d）社会团体或者其他组织人民调解委员会和行业性、专业性人民调解委员会委员可由有关单位、社会团体或者其他组织推选产生。

5.2.2 人民调解委员会聘任的人员

人民调解委员会根据需要可聘任一定数量的专兼职人民调解员。要求如下：

a）人民调解委员会应不断优化人民调解员队伍结构，注重吸纳律师、公证员、仲裁员、基层法律服务工作者、心理咨询师、医生、教师或专家学者等社会专业人士和退休法官、检察官、民警、司法行政干警以及信访、工会、妇联等部门退休人员担任人民调解员；

b）人民调解委员会在规范兼职人民调解员队伍的同时，应加强专职人民调解员队伍建设，逐步满足以下要求：

1）行业性、专业性人民调解委员会一般应配备3名以上专职人民调解员；

2）乡镇（街道）人民调解委员会一般应配备2名以上专职人民调解员；

3）有条件的村（社区）人民调解委员会和企（事）业单位人民调解委员会一般应配备1名以上专职人民调解员；

4）派驻调解工作室一般应配备2名以上专职人民调解员。

5.3 权利义务

5.3.1 人民调解员的权利

人民调解员在调解活动中应依法享有以下权利：

a)根据需要进行调查核实；

b)批评和制止扰乱调解秩序的行为；

c)向有关单位提出调解工作建议；

d)法律、法规规定的其他权利。

5.3.2 人民调解员的义务

人民调解员在调解活动中应坚持原则，明法析理，主持公道，并不应有下列行为：

a)徇私舞弊，偏袒一方当事人；

b)对当事人压制或打击报复；

c)侮辱、处罚当事人；

d)索取、收受财物或者牟取其他不正当利益；

e)泄露当事人的个人隐私或商业秘密。

人民调解员有a)、b)、c)、d)或e)中行为之一的，当事人及其他人员可向人民调解委员会或司法行政机关反映，由其所在的人民调解委员会给予批评教育、责令改正；情节严重的，推选或者聘任单位应予以罢免或者解聘。

5.4 罢免解聘

具有下列情形之一的人民调解员，司法行政机关应及时督促推选或者聘任单位予以罢免或者解聘。

a)因违法违纪不适合继续从事调解工作；

b)严重违反管理制度、怠于履行职责造成恶劣社会影响；

c)不能胜任调解工作；

d)因身体原因无法正常履职；

e)自愿申请辞职。

5.5 等级评定

5.5.1 等级评定名称

人民调解员等级评定可分为四个等级，分别是一级人民调解员、二级人民调解员、三级人民调解员和四级人民调解员，其中一级人民调解员为最高等级。

5.5.2 等级评定条件

人民调解员等级评定条件应综合考虑以下情况：

a）政治素质；

b）工作业绩；

c）调解能力；

d）专业水平；

e）从事人民调解工作年限；

f）参加培训；

g）廉洁自律。

每个等级的具体条件可由省（自治区、直辖市）人民调解（员）协会结合实际确定。

5.5.3 等级评定主体

人民调解员等级评定主体要求如下：

a）人民调解员等级评定工作应由人民调解（员）协会负责组织和实施，没有建立人民调解（员）协会的，可暂由当地司法行政机关负责；

b）省（自治区、直辖市）人民调解（员）协会负责一级人民调解员的评定工作，市（地、州）人民调解（员）协会负责二级人民调解员的评定工作，县（县级市、区）人民调解（员）协会负责三级和四级人民调解员的评定工作。

5.5.4　等级评定程序

人民调解员等级评定程序要求如下：

a)人民调解员等级评定工作应定期进行，一般应由人民调解员本人向相应的人民调解(员)协会提出书面申请，经人民调解(员)协会组织评定并将评定结果公示；

b)等级评定申请一般应从低到高逐级进行，具有下一个等级满两年后方可申请高一等级的评定；

c)政治素质高、业务能力强的退休政法干警、律师等专业人士担任人民调解员或者获得相应表彰的人民调解员可申请越级评定。

5.6　教育培训

5.6.1　岗前培训

岗前培训是人民调解员的任职培训，要求如下：

a)新选聘的人民调解员应经过岗前培训合格；

b)岗前培训一般应≥24 学时；

c)培训合格的人民调解员颁发人民调解员证，实行持证上岗。

5.6.2　年度培训

年度培训是对在岗人民调解员进行的知识更新和技能强化培训。年度培训一般累计应≥48 学时。

5.6.3　培训内容

人民调解员培训应包括以下内容：

a)政治理论；

b)社会形势；

c)法律政策；

d)职业道德；

e）专业知识；

f）信息化运用；

g）调解技能。

5.6.4 培训形式

人民调解员培训可采取以下形式：

a）集中授课；

b）网络视频；

c）研讨交流；

d）案例评析；

e）实地考察；

f）现场观摩；

g）旁听庭审；

h）实训演练。

5.7 救助抚恤

人民调解员的救助抚恤要求如下：

a）人民调解员因从事调解工作致伤致残，生活发生困难的，司法行政机关应协助提供材料，反映情况，帮助人民调解员依法向当地人民政府申请必要的医疗、生活救助；

b）在人民调解工作岗位上因工作原因死亡，符合相应条件的，司法行政机关应予以追授奖励，并协助申报烈士、见义勇为先进个人等荣誉称号，协调民政等部门依法落实其配偶、子女的抚恤和优待待遇。

5.8 人身保护

人民调解员的人身保护要求如下：

a）人民调解员依法调解民间纠纷，受到非法干涉、打击报复或者本人及其亲属人身财产安全受到威胁的，当地司法行政机关应会同有关部门采取措施予以保护，维护其合法权益；

b）人民调解委员会设立单位和人民调解员协会等可为人民调解员购买人身意外伤害保险等。

6 调解程序

6.1 受理

6.1.1 受理范围

人民调解委员会受理的民间纠纷，包括发生在平等民事主体之间，涉及当事人有权处分的人身、财产权益的各种纠纷，包括但不限于以下纠纷类型：

a）婚姻家庭、邻里、房屋宅基地、合同、生产经营、损害赔偿、山林土地草场和征地拆迁等常见多发的纠纷；

b）医疗、道路交通、劳动争议、物业管理、消费、旅游、环保、金融、保险、互联网和知识产权等领域的纠纷；

c）其他可通过人民调解方式解决的纠纷。

6.1.2 受理组织

民间纠纷一般应由当事人所在地（所在单位）或者纠纷发生地的人民调解委员会受理调解。行业、专业领域的矛盾纠纷一般应由相关的行业性、专业性人民调解委员会受理调解。人民调解委员会不应受理调解下列纠纷：

a）法律、法规规定只能由专门机关管辖处理的，或者法律、法规禁止采用民间调解方式解决的纠纷；

b）人民法院、有关行政机关、仲裁机构已经受理（委托调解的除外）或者解决的纠纷；

c)一方当事人明确拒绝调解的纠纷。

6.1.3 受理方式

受理方式包括:

a)依申请受理

人民调解委员会可根据当事人的书面或口头申请,受理调解纠纷。书面申请的,当事人应填写符合附录C.1格式要求的《人民调解申请书》。

b)主动受理

对于排查中发现的民间纠纷,群众反映的民间纠纷,人民调解委员会可主动进行调解。

c)移送委托受理

人民调解委员会可受理党委政府、有关部门移送委托调解的民间纠纷。

6.1.4 受理条件

当事人申请调解,符合以下条件的,人民调解委员会应及时受理调解。

a)有明确的被申请人;

b)有具体的调解要求;

c)有提出调解申请的事实理由;

d)属于人民调解受理范围。

人民调解委员会受理调解纠纷,应填写符合附录C.2格式要求的《人民调解受理登记表》。

6.1.5 不予受理的处理

人民调解委员会对于不符合受理条件的纠纷,应告知当事人通过以下途径处理:

a) 有仲裁协议的，可向仲裁委员会申请仲裁；

b) 可向当地人民政府、相关行政主管部门申请行政调解、行政裁决；

c) 可向人民法院提起民事诉讼；

d) 对有可能引起治安案件、刑事案件的纠纷，人民调解委员会应及时向当地公安机关和其他有关部门报告。

6.2　调解前的准备

6.2.1　安排人民调解员

安排人民调解员要求如下：

a) 人民调解委员会根据调解纠纷的需要，可指定一名或者数名人民调解员进行调解，也可由当事人选择一名或者数名人民调解员进行调解；

b) 多名人民调解员进行调解的，应确定一名调解主持人；

c) 当事人对人民调解员提出回避要求的，人民调解委员会应予以调换。

6.2.2　调查核实

调查核实要求如下：

a) 人民调解员应分别向双方当事人询问纠纷的有关情况，了解双方的具体要求和理由，根据需要询问纠纷知情人，向有关方面调查核实；

b) 人民调解员应对调查的情况进行记录，填写符合附录 C.3 格式要求的《人民调解调查记录》。

6.2.3　拟定调解方案

人民调解员可根据掌握的纠纷基本情况，研究确定调解方案；对于重大疑难复杂的民间纠纷，可制定书面调解方案。

6.2.4 调解前告知

人民调解员应以口头或者书面形式,提前告知当事人调解时间、地点和调解员姓名等信息。

6.3 实施调解

6.3.1 调解开始前告知

人民调解员应在调解开始前,以口头或者书面形式,告知当事人人民调解的原则、当事人在调解活动中享有的权利和承担的义务以及调解达成协议的效力等事项。

6.3.2 明法析理

人民调解员应根据纠纷的情况,讲解法律政策,宣传公德情理,摆事实、讲道理,帮助当事人查明事实、分清是非、明确责任。

6.3.3 说服疏导

人民调解员应根据当事人的特点并结合纠纷的具体情况,采取分别谈话、共同协商、亲友参与和专家咨询等灵活多样的方式方法,开展说服疏导工作。

6.3.4 帮助达成协议

人民调解员应在引导当事人平等协商、互谅互让、消除隔阂的基础上,适时提出公道、合理和可行的纠纷解决方案,帮助当事人自愿达成调解协议。

6.3.5 防止纠纷激化

人民调解员调解民间纠纷,发现纠纷可能激化的,应采取控制调解节奏、避免当事人接触、疏导当事人情绪等方法,防止当事人采取过激行为;对有可能引起治安案件或者刑事案件的,应及时向当地公安机关和其他有关部门报告。

6.3.6 专家咨询

人民调解员调解民间纠纷，可根据需要咨询专家，专家咨询意见可作为调解的参考依据。

6.3.7 委托鉴定

人民调解员调解民间纠纷，需要进行相关鉴定以明确责任的，经双方当事人同意，可由人民调解委员会委托有法定资质的专业鉴定机构进行鉴定，也可由双方当事人共同委托鉴定。

6.3.8 保密要求

人民调解委员会及其人民调解员应对当事人的个人隐私或商业秘密等事项予以保密。未经双方当事人同意，人民调解委员会不应公开进行调解，也不应公开调解协议的内容。

6.3.9 终止调解

有下列情形之一的，人民调解委员会应终止调解：

a）当事人拒绝继续接受调解的；

b）经调解不能达成调解协议，当事人提出通过仲裁、行政或诉讼等途径解决的；

c）纠纷情况发生变化，不宜继续采用调解方式解决的；

d）其他应终止调解的情形。

6.3.10 调解期限

人民调解员应记录调解情况，填写符合附录C 4格式要求的《人民调解记录》，并一般自受理之日起三十日内完成调解。需要专家咨询或者鉴定的，专家咨询或者鉴定时间不计入调解期限。因特殊情况需要延长调解期限的，人民调解员和双方当事人可约定延长调解期限。超过调解期限未达成调解协议的，视为调解不成。

6.3.11 司法确认

当事人申请确认调解协议效力的，可自调解协议生效之日起三十日内，共同向主持调解的人民调解委员会所在地基层人民法院或者它派出的法庭申请司法确认。人民法院在立案前委派人民调解委员会调解并达成调解协议，当事人申请司法确认的，向委派的人民法院申请。

6.4 调解协议的履行

6.4.1 调解协议的形式

调解协议包括以下形式：

a)经人民调解委员会调解达成调解协议的，可制作符合附录C.5格式要求的《人民调解协议书》，内容应符合6.4.2要求；

b)调解协议有给付内容且非即时履行的，一般应制作符合附录C.5格式要求的《人民调解协议书》，内容应符合6.4.2要求；

c)当事人认为无需制作调解协议书的，可采取口头协议形式，由人民调解员填写符合附录C.6格式要求的《人民调解口头协议登记表》。

6.4.2 调解协议的内容

人民调解协议书可载明下列事项：

a)当事人的基本情况；

b)纠纷的主要事实、争议事项以及各方当事人的责任；

c)当事人达成调解协议的内容，履行的方式、期限和违约责任等。

6.4.3　调解协议的生效

调解协议包括调解协议书和口头调解协议，调解协议生效要求如下：

a）调解协议书自各方当事人签名、盖章或者按指印，人民调解员签名并加盖人民调解委员会印章之日起生效。调解协议书应由当事人各执一份，人民调解委员会留存一份；

b）口头调解协议自各方当事人达成协议之日起生效。

6.4.4　调解协议的效力

依法达成的人民调解协议具有法律约束力，当事人应遵照诚实信用的原则，自觉、全面、及时履行调解协议，调解协议的效力要求如下：

a）具备下列条件的，调解协议有效：

1）当事人具有完全民事行为能力；

2）意思表示真实；

3）不违反法律和行政法规的强制性规定；

4）不违背公序良俗。

b）具有下列情形之一的，调解协议无效：

1）损害国家、集体或者社会公共利益；

2）双方当事人恶意串通，损害他人合法权益；

3）违反法律和行政法规的强制性规定；

4）违背公序良俗。

注：无效的调解协议自始没有法律约束力。调解协议部分无效，不影响其他部分效力的，其他部分仍然有效。

6.4.5　不履行调解协议的处理

当事人不履行调解协议或者达成协议后反悔的，人民调解委员会按照下列情形分别处理：

a) 当事人无正当理由不履行协议或者履行不适当的，应做好当事人的工作，督促其履行；

b) 当事人提出协议内容不当，或者人民调解委员会发现协议内容不当的，应在征得各方当事人同意后，经再次调解变更原协议内容；或者撤销原协议，达成新的调解协议；

c) 对经督促仍不履行人民调解协议的，应告知当事人可以就调解协议的履行、变更或撤销向人民法院起诉。

6.5 回访

人民调解委员会应对人民调解协议的履行情况适时进行回访，并填写符合附录C.7格式要求的《人民调解回访记录》。

7 调解制度

7.1 管理制度

人民调解委员会应建立健全岗位责任、学习、例会、培训、考评和奖惩等各项管理制度。具备条件单独建立党组织的人民调解委员会，应建立健全党建基本制度。

7.2 工作制度

人民调解委员会应建立健全矛盾纠纷排查、调解、分析研判、重大疑难复杂矛盾纠纷集中讨论、专家咨询、情况通报、衔接联动等工作制度。

7.3 档案管理

7.3.1 基本要求

人民调解委员会应运用信息化等手段加强档案管理，建立健全制度建设档案、组织队伍档案和调解案件档案等。

7.3.2　制度建设档案

人民调解委员会制度建设档案应包括以下内容：

a）年度工作计划和总结；

b）各项管理制度、工作制度和党建制度；

c）其他应当归档的制度建设文件和材料。

7.3.3　组织队伍档案

人民调解委员会组织队伍档案应包括以下内容：

a）人民调解委员会委员及聘任人民调解员名册；

b）人民调解小组和人民调解工作室等组织网络建设档案；

c）其他应归档的组织队伍建设文件和材料。

7.3.4　调解案件档案

人民调解委员会调解案件档案应包括以下内容：

a）人民调解员调解案件登记单，符合附录 C.8 格式要求；

b）人民调解委员会调解案件汇总登记表，符合附录 C.9 格式要求；

c）人民调解组织队伍经费保障情况统计表，符合附录 D.1 格式要求；

d）人民调解案件情况统计表，符合附录 D.2 格式要求；

e）人民调解委员会调解卷宗。

7.4　调解卷宗

7.4.1　人民调解委员会调解民间纠纷，一般应按照司发通[2010]239 号要求制作调解卷宗，做到一案一卷。具备条件的，可制作电子卷宗。调解卷宗应包括但不限于以下内容：

a）卷宗封面，符合附录 E.1 格式要求；

b）卷内目录，符合附录 E.2 格式要求；

c) 人民调解申请书，符合附录 C.1 格式要求；

d) 人民调解受理登记表，符合附录 C.2 格式要求；

e) 人民调解调查记录，符合附录 C.3 格式要求；

f) 证据材料；

g) 人民调解记录，符合附录 C.4 格式要求；

h) 符合附录 C.5 格式要求的人民调解协议书，或者符合附录 C.6 格式要求的人民调解口头协议登记表；

i) 人民调解回访记录，符合附录 C.7 格式要求；

j) 司法确认有关材料；

k) 卷宗情况说明，符合附录 E.3 格式要求；

l) 卷宗封底，符合附录 E.4 格式要求。

7.4.2 人民调解委员会调解民间纠纷达成口头调解协议，除了符合附录 C.6 格式要求的《人民调解口头协议登记表》外无其他材料的，可一案一表，也可多案一卷，定期集中组卷归档。

7.4.3 调解卷宗保管期限分为短期、长期和永久三种，短期保管期限应为 5 年，长期保管期限应为 10 年。

7.5 统计工作

7.5.1 登记汇总

纠纷登记汇总要求如下：

a) 人民调解员调解每一件纠纷，不论纠纷大小和成功与否，都应填写符合附录 C.8 格式要求《人民调解员调解案件登记单》；

b) 人民调解委员会应按期填写符合附录 C.9 格式要求的《人民调解委员会调解案件汇总登记表》。

7.5.2　统计报送

统计报送要求如下：

a) 人民调解委员会应加强统计工作，按时填写符合附录 D.1 格式要求的《人民调解组织队伍经费保障情况统计表》和符合附录 D.2 格式要求的《人民调解案件情况统计表》；

b)《人民调解组织队伍经费保障情况统计表》应为年报并符合附录 D.1 格式要求，《人民调解案件情况统计表》应为季报并符合附录 D.2 格式要求，应按时通过司法部统计管理系统报送。

8　工作保障

8.1　经费保障

8.1.1　县级以上地方人民政府对人民调解工作所需经费应给予必要的支持和保障。要求如下：

a) 人民调解工作经费的开支范围应包括：

1) 司法行政机关指导人民调解工作经费；

2) 人民调解委员会工作补助经费；

3) 人民调解员补贴经费；

4) 专职人民调解员聘用经费；

5) 人民调解办案补贴和专家咨询费等。

b) 司法行政机关指导人民调解工作经费应列入同级财政预算。地方财政根据当地经济社会发展水平和财力状况，适当安排人民调解员补贴经费。对财政困难地区，司法行政机关应协调省级财政统筹现有资金渠道，加强人民调解工作经费保障；

c)人民调解委员会工作补助经费和人民调解员补贴经费的安排和发放应考虑每个人民调解委员会及调解员调解纠纷的数量、质量、难易程度、社会影响大小以及调解的规范化程度。人民调解委员会工作补助经费和人民调解员补贴经费标准应由县级以上司法行政机关商同级财政部门确定,建立动态调整机制;

d)可培育人民调解(员)协会、相关行业协会和人民调解中心等社会组织,参与承接政府购买人民调解服务,聘请专职人民调解员,提供优质高效的调解服务。

8.1.2 人民调解委员会设立单位应为人民调解委员会开展工作提供必要的工作经费。

8.1.3 鼓励和倡导公民、法人和非法人组织通过社会捐赠或者公益赞助等方式,为人民调解委员会开展工作提供经费支持。

8.2 物质保障

人民调解委员会设立单位和相关行业主管部门以及法院、公安、信访等驻在单位应为人民调解委员会开展工作提供办公用房、办公用品、通讯设施和必要的交通工具等。

9 工作指导

9.1 司法行政机关的指导

9.1.1 各级司法行政机关特别是县级司法行政机关应依法全面履行指导职责,不断推进本地区人民调解组织建设、队伍建设、业务建设、制度建设和保障能力建设,规范人民调解工作,提高人民调解工作质量和水平。乡镇(街道)司法所应加强对辖区内人民调解委员会工作的指导和监督,切实履行对人民调解工作的日常指导职责。

9.1.2 各级司法行政机关应制定并实施人民调解员培训规划，提供人民调解员培训教材和师资，不断提高人民调解员队伍的素质。

9.1.3 县级以上司法行政机关应加大表彰奖励力度，经常性对有突出贡献的人民调解委员会和人民调解员给予表彰或通报表扬等形式的奖励，并提请同级人民政府依法按照国家规定给予表彰和奖励。

9.1.4 县级以上司法行政机关应建立辖区内人民调解组织和人民调解员名册，采取多种形式及时向社会公布，并通报人民调解组织所在地基层人民法院。未纳入司法行政机关制作的人民调解组织和人民调解员名册的，不应以人民调解名义开展调解活动。

9.1.5 各级司法行政机关应加强人民调解信息化建设，按照SF/T 0018—2019要求建立完善人民调解管理信息系统，推广运用智能移动调解系统，加强与人民法院调解平台等相关信息平台的系统对接，为人民群众提供便捷高效的调解服务，同时积极运用大数据技术进行智能分析，提高矛盾纠纷预测预警预防水平。

9.2 基层人民法院的指导

基层人民法院的指导包括通过审判活动在业务上进行指导和会同司法行政机关进行指导，要求如下：

a）通过审判活动在业务上进行指导

1）对适宜通过人民调解方式解决的纠纷，在立案前可积极引导当事人向人民调解组织申请调解，在立案后经双方当事人同意，可委托人民调解组织对案件进行调解；

2）可通过委派调解和委托调解，加强对人民调解委员会调解民间纠纷的业务指导；

3）应依法受理当事人之间就人民调解协议的履行或者人民调解协议的内容发生争议的民事案件；

4）应依法受理并确认人民调解协议的法律效力；

5）当事人持已经生效的人民调解协议向人民法院申请支付令的，人民法院应及时审查，符合法定条件的，应及时发出支付令。

b）会同司法行政机关进行指导

1）可吸纳符合条件的人民调解组织和人民调解员进入人民法院的特邀调解组织和特邀调解员名册；

2）可联合举办人民调解员培训班；

3）可组织人民调解员旁听法庭审理。

9.3 人民调解（员）协会的指导

各省（自治区、直辖市）和具备条件的市（地、州）、县（县级市、区）应建立人民调解（员）协会，履行行业指导职责。要求如下：

a）应组织会员开展政治、法律、法规、政策和人民调解知识等学习；

b）应发动会员调解民间纠纷，促进社会和谐，维护社会稳定；

c）应制定行业规范和奖惩规则，支持会员依法履行职责，维护会员合法权益；

d）应总结人民调解工作经验，宣传人民调解工作，开展人民调解理论研究和对外交流。

附　录　A

（资料性）

人民调解组织标牌样式

A.1　竖式外挂标牌样式

竖式外挂标牌样式如图 A.1 所示。

图 A.1　竖式外挂标牌样式

A.2　方形标牌样式

方形标牌样式如图 A.2 所示。

图 A.2 方形标牌样式

附 录 B
（规范性）
人民调解标识和徽章样式

人民调解标识和徽章样式如图 B.1 所示。

图 B.1 人民调解标识和徽章样式

附 录 C
(规范性)
人民调解文书格式

C.1 人民调解申请书

人民调解申请书格式如图 C.1 所示。

人民调解申请书

申请人姓名__________性别______民族____________年龄______
职业或职务__________________联系方式________________________
单位或住址____
被申请人姓名________性别______民族____________年龄______
职业或职务__________________联系方式________________________
单位或住址____
纠纷简要情况____
____
____
____

当事人申请事项1. ______________________________________
2. ______________________________________
3. ______________________________________

人民调解委员会已将申请人民调解的相关规定告知我,现自愿申请人民调解委员会进行调解。

申请人(签名盖章或按指印)__________

______年______月______日

图 C.1 人民调解申请书格式

C.2 人民调解受理登记表

人民调解受理登记表格式如图 C.2 所示。

人民调解受理登记表

________年____月____日，人民调解委员会依当事人申请（人民调解委员会主动调解、接受委托或移交调解），经当事人同意，调解______、______之间的纠纷。

纠纷类型：____

案件来源：①当事人申请②人民调解委员会主动调解③接受委托或移交调解

纠纷简要情况：____

____

____

____

____

____

____

____

当事人（签名）________________________

登记人（签名）________________

________________人民调解委员会

________年______月______日

备注：此表由人民调解委员会填写

图 C.2 人民调解受理登记表格式

C.3 人民调解调查记录

人民调解调查记录格式如图 C.3 所示。

人民调解调查记录

时 间______________________

地 点______________________

参加人______________________

被调查人______________________

记 录：____

____

____

____

____

____

____

____

调 查 人(签名)______________

被调查人(签名)______________

记 录 人(签名)______________

图 C.3 人民调解调查记录格式

C.4 人民调解记录

人民调解记录格式如图 C.4 所示。

人民调解记录

时　间＿＿＿＿＿＿＿＿＿＿＿＿＿＿＿＿
地　点＿＿＿＿＿＿＿＿＿＿＿＿＿＿＿＿
当事人＿＿＿＿＿＿＿＿＿＿＿＿＿＿＿＿
参加人＿＿＿＿＿＿＿＿＿＿＿＿＿＿＿＿
人民调解委员会已将人民调解的相关规定告知各方当事人。
调解记录：＿＿＿＿＿＿＿＿＿＿＿＿＿＿＿＿＿＿＿＿＿＿＿＿＿＿＿＿＿＿＿＿＿＿
＿＿
＿＿
＿＿
＿＿
＿＿
＿＿
＿＿
＿＿

调解结果：
1. 调解成功；2. 调解不成；3. 有待继续调解
当事人（签名盖章或按指印）＿＿＿＿＿＿＿＿＿＿
当事人（签名盖章或按指印）＿＿＿＿＿＿＿＿＿＿
人　民　调　解　员（签名）＿＿＿＿＿＿＿＿＿＿
记　　　录　　　人（签名）＿＿＿＿＿＿＿＿＿＿

＿＿＿年＿＿＿月＿＿＿日

图 C.4　人民调解记录格式

C.5　人民调解协议书

人民调解协议书格式如图 C.5 所示。

人民调解协议书

编号＿＿＿＿＿＿

当事人姓名＿＿＿＿＿＿性别＿＿＿民族＿＿＿＿＿年龄＿＿＿

职业或职务＿＿＿＿＿＿＿＿＿＿联系方式＿＿＿＿＿＿＿＿＿＿＿

单位或住址＿＿＿＿＿＿＿＿＿＿＿＿＿＿＿＿＿＿＿＿＿＿＿＿＿

当事人姓名＿＿＿＿＿＿性别＿＿＿民族＿＿＿＿＿年龄＿＿＿

职业或职务＿＿＿＿＿＿＿＿＿＿联系方式＿＿＿＿＿＿＿＿＿＿＿

单位或住址＿＿＿＿＿＿＿＿＿＿＿＿＿＿＿＿＿＿＿＿＿＿＿＿＿

纠纷主要事实、争议事项：＿＿＿＿＿＿＿＿＿＿＿＿＿＿＿＿＿

＿＿＿＿＿＿＿＿＿＿＿＿＿＿＿＿＿＿＿＿＿＿＿＿＿＿＿＿＿＿

＿＿＿＿＿＿＿＿＿＿＿＿＿＿＿＿＿＿＿＿＿＿＿＿＿＿＿＿＿＿

＿＿＿＿＿＿＿＿＿＿＿＿＿＿＿＿＿＿＿＿＿＿＿＿＿＿＿＿＿＿

经调解，自愿达成如下协议：＿＿＿＿＿＿＿＿＿＿＿＿＿＿＿＿

＿＿＿＿＿＿＿＿＿＿＿＿＿＿＿＿＿＿＿＿＿＿＿＿＿＿＿＿＿＿

＿＿＿＿＿＿＿＿＿＿＿＿＿＿＿＿＿＿＿＿＿＿＿＿＿＿＿＿＿＿

＿＿＿＿＿＿＿＿＿＿＿＿＿＿＿＿＿＿＿＿＿＿＿＿＿＿＿＿＿＿

履行方式、时限＿＿＿＿＿＿＿＿＿＿＿＿

本协议一式＿＿＿＿份，当事人、人民调解委员会各持一份。

当事人（签名盖章或按指印）＿＿＿＿＿　人民调解员（签名）＿＿＿＿

当事人（签名盖章或按指印）＿＿＿＿＿　记录人（签名）＿＿＿＿＿＿

（人民调解委员会印章）

＿＿＿＿＿年＿＿＿＿月＿＿＿＿日

图 C.5　人民调解协议书格式

C.6　人民调解口头协议登记表

人民调解口头协议登记表格式如图 C.6 所示。

人民调解口头协议登记表

编号__________

当事人姓名__________性别______民族________年龄________

职业或职务________________联系方式________________

单位或住址______________________________

当事人姓名__________性别______民族________年龄________

职业或职务________________联系方式________________

单位或住址______________________________

纠纷主要事实、争议事项：____________________

____

____

____

____

经调解，自愿达成如下协议：____________________

____

____

履行方式、时限____________________

人民调解员（签名）______________

（人民调解委员会印章）

________年________月________日

备注：此表由人民调解委员会填写

图 C.6　人民调解口头协议登记表格式

C.7　人民调解回访记录

人民调解回访记录格式如图 C.7 所示。

人民调解回访记录

当 事 人____________________________

调解协议编号________________________

回访事由____________________________

回访时间____________________________

回访情况：____

回访人(签名)________________________

____________人民调解委员会

_______年_____月_____日

图 C.7　人民调解回访记录格式

C.8 人民调解员调解案件登记单

人民调解员调解案件登记单格式如图 C.8 所示。

编号：　　　　　　　　　　　　　　　　　　　　　　　　存根

人民调解员调解案件登记单

________年____月____日，调解__________、__________之间的纠纷。

纠纷是①依申请调解②主动调解③接受委托或移交调解。

纠纷类型：①婚姻家庭纠纷②邻里纠纷③房屋宅基地纠纷④合同纠纷⑤生产经营纠纷⑥损害赔偿纠纷⑦山林土地纠纷⑧征地拆迁纠纷⑨环境污染纠纷⑩劳动争议纠纷⑪道路交通事故纠纷⑫医疗纠纷⑬物业管理纠纷⑭消费纠纷⑮其他纠纷______________

调解情况：

1. 调解成功，达成①口头协议②书面协议。

2. 调解不成，告知当事人通过①行政②仲裁③诉讼④其他途径解决。

调 解 员：____________________

记录日期：____________________

____________人民调解委员会

....

编号：　　　　　　　　　　　　　　　　　　　　　　　　正本

人民调解员调解案件登记单

________年____月____日，调解__________、__________之间的纠纷。

纠纷是①依申请调解②主动调解③接受委托或移交调解。

纠纷简要情况：____

____

调解情况：____

____

调 解 员：____________________

记录日期：____________________

____________人民调解委员会

备注：1. 本单用于统计人民调解员调解纠纷工作量，由人民调解员填写。

2. 在本单相关栏目序号上打√。

3. 本单一式两联，正本联沿虚线裁下交人民调解员所在人民调解委员会，存根联由人民调解员留存。

图 C.8　人民调解员调解案件登记单格式

C.9 人民调解委员会调解案件汇总登记表

人民调解委员会调解案件汇总登记表格式如图 C.9 所示。

________年____月____________人民调解委员会调解案件汇总登记表

填报日期：

调解员姓名	调解案件数	调解结果			履行情况		备注
		达成协议		调解不成	已履行	未履行	
		口头	书面				

填表人：　　　　审核人：

说明：本表由人民调解委员会根据《人民调解员调解案件登记单》汇总填写，作为掌握了解调解员工作情况的依据。

图 C.9　人民调解委员会调解案件汇总登记表格式

附　录　D

（规范性）

人民调解统计报表

D.1　人民调解组织队伍经费保障情况统计表

人民调解组织队伍经费保障情况统计表格式如图 D.1、D.2 和 D.3 所示。

人民调解统计报表

组织情况																																		
调委会总数	村调委会数	社区调委会数	乡镇调委会数	街道调委会数	企事业单位调委会数	其中		社会团体和其他组织调解组织数																										个人调解工作室数
						国有企业调委会数	民营企业调委会数	交通事故调解组织数		医疗纠纷调解组织数		劳动争议调解组织数		物业纠纷调解组织数		消费纠纷调解组织数		旅游纠纷调解组织数		知识产权纠纷调解组织数		婚姻家庭纠纷调解组织数		商会人民调解组织数		设在法院调解组织数		设在公安派出所调解组织数		设在信访部门调解组织数		设在其他部门调解组织数		其他调解组织数		
								调委会数	调解室数	调委会数	调解室数	调委会数	调解室数	调委会数	调解室数	调委会数	调解室数	调委会数	调解室数	调委会数	调解室数	调委会数	调解室数	调委会数	调解室数	调委会数	调解室数	调委会数	调解室数	调委会数	调解室数	调委会数	调解室数	调委会数	调解室数	
个	个	个	个	个	个	个	个	个	个	个	个	个	个	个	个	个	个	个	个	个	个	个	个	个	个	个	个	个	个	个	个	个	个	个

图 D.1　人民调解组织队伍经费保障情况统计表格式——组织情况

<table>
<tr><th colspan="31">队伍情况</th></tr>
<tr><th rowspan="3">调解员总人数</th><th colspan="22">其中</th><th rowspan="3">专职人民调解员人数</th><th>其中</th><th rowspan="3">高中以上文化程度</th><th rowspan="3">培训情况</th><th colspan="2">表彰情况</th><th colspan="2">伤亡情况</th></tr>
<tr><th rowspan="2">村调委会人数</th><th rowspan="2">社区调委会人数</th><th rowspan="2">乡镇调委会人数</th><th rowspan="2">街道调委会人数</th><th rowspan="2">企事业单位调委会人数</th><th colspan="2">其中</th><th colspan="14">社会团体和其他组织调解组织人数</th><th rowspan="2">个人调解工作室人数</th><th rowspan="2">地方财政保障或政府购买服务人数</th><th rowspan="2">集体</th><th rowspan="2">个人</th><th rowspan="2">因调解工作致伤致残</th><th rowspan="2">在调解工作岗位上牺牲</th></tr>
<tr><th>国有企业调委会人数</th><th>民营企业调委会人数</th><th>交通事故调解组织人数</th><th>医疗纠纷调解组织人数</th><th>劳动争议调解组织人数</th><th>物业纠纷调解组织人数</th><th>消费纠纷调解组织人数</th><th>旅游纠纷调解组织人数</th><th>知识产权纠纷调解组织人数</th><th>婚姻家庭纠纷调解组织人数</th><th>商会人民调解组织人数</th><th>设在法院调解组织人数</th><th>设在公安派出所调解组织人数</th><th>设在信访部门调解组织人数</th><th>设在其他部门调解组织人数</th><th>其他调解组织人数</th></tr>
<tr><td>人</td><td>人</td><td>人</td><td>人</td><td>人</td><td>人</td><td>人</td><td>人</td><td>人</td><td>人</td><td>人</td><td>人</td><td>人</td><td>人</td><td>人</td><td>人</td><td>人</td><td>人</td><td>人</td><td>人</td><td>人</td><td>人</td><td>人</td><td>人</td><td>人</td><td>人</td><td>人次</td><td>个</td><td>人</td><td>人</td><td>人</td></tr>
<tr><td></td><td></td><td></td><td></td><td></td><td></td><td></td><td></td><td></td><td></td><td></td><td></td><td></td><td></td><td></td><td></td><td></td><td></td><td></td><td></td><td></td><td></td><td></td><td></td><td></td><td></td><td></td><td></td><td></td><td></td><td></td></tr>
</table>

图 D.2 人民调解组织队伍经费保障情况统计表格式—— 队伍情况

经费保障情况																									
总计	司法行政机关指导人民调解工作经费					人民调解委员会工作补助经费					专兼职人民调解员补贴经费					专职人民调解员聘用经费					其他经费				
	小计	其中				小计	其中				小计	其中				小计	其中				小计	其中			
		省级政府保障	地市级政府保障	县级政府保障	乡镇政府保障		省级政府保障	地市级政府保障	县级政府保障	乡镇政府保障		省级政府保障	地市级政府保障	县级政府保障	乡镇政府保障		省级政府保障	地市级政府保障	县级政府保障	乡镇政府保障		省级政府保障	地市级政府保障	县级政府保障	乡镇政府保障
万元	万元	万元	万元	万元	万元	万元	万元	万元	万元	万元	万元	万元	万元	万元	万元	万元	万元	万元	万元	万元	万元	万元	万元	万元	万元

图 D.3　人民调解组织队伍经费保障情况统计表格式——经费保障情况

D.2 人民调解案件情况统计表

人民调解案件情况统计表格式如图 D.4 所示。

<table>
<tr><td colspan="45">案件调解情况</td><td colspan="3">协议履行情况</td><td colspan="3">排查预防纠纷情况</td><td colspan="3">民间纠纷转化情况</td></tr>
<tr><td rowspan="3">调解案件总数</td><td rowspan="3">调解成功</td><td rowspan="3">疑难复杂案件</td><td rowspan="3">调解协议涉及金额</td><td colspan="7">不同主体调解情况</td><td colspan="8">案件来源</td><td colspan="18">案件分类情况</td><td colspan="6">涉及特殊群体情况</td><td colspan="2">协议形式</td><td rowspan="3">调解协议已履行</td><td rowspan="3">调解协议申请司法确认</td><td rowspan="3">达成调解协议后反悔</td><td colspan="2">排查纠纷</td><td rowspan="3">预防纠纷</td><td rowspan="3">民间纠纷转化为民商事案件</td><td rowspan="3">民间纠纷转化为治安案件</td><td rowspan="3">民间纠纷转化为刑事案件</td></tr>
<tr><td rowspan="2">村调委会调解案件数</td><td rowspan="2">社区调委会调解案件数</td><td rowspan="2">乡镇调委会调解案件数</td><td rowspan="2">街道调委会调解案件数</td><td rowspan="2">企事业单位调委会调解案件数</td><td rowspan="2">社会团体和其他组织调委会调解案件数</td><td rowspan="2">个人调解工作室调解案件数</td><td rowspan="2">主动调解</td><td rowspan="2">依申请调解</td><td rowspan="2">接受委托移送调解</td><td colspan="5">其中</td><td rowspan="2">婚姻家庭纠纷</td><td rowspan="2">邻里纠纷</td><td rowspan="2">房屋宅基地纠纷</td><td rowspan="2">合同纠纷</td><td rowspan="2">生产经营纠纷</td><td rowspan="2">损害赔偿纠纷</td><td rowspan="2">山林土地纠纷</td><td rowspan="2">征地拆迁纠纷</td><td rowspan="2">环境污染纠纷</td><td rowspan="2">劳动争议纠纷</td><td rowspan="2">道路交通事故纠纷</td><td rowspan="2">医疗纠纷</td><td rowspan="2">物业管理纠纷</td><td rowspan="2">消费纠纷</td><td rowspan="2">旅游纠纷</td><td rowspan="2">知识产权纠纷</td><td rowspan="2">互联网纠纷</td><td rowspan="2">其他纠纷</td><td rowspan="2">涉及妇女儿童纠纷</td><td rowspan="2">涉及农民工纠纷</td><td>其中</td><td rowspan="2">涉及残疾人纠纷</td><td rowspan="2">涉及退役军人纠纷</td><td rowspan="2">涉及民营企业纠纷</td><td rowspan="2">口头协议</td><td rowspan="2">书面协议</td><td rowspan="2">开展矛盾纠纷排查</td><td rowspan="2">排查发现矛盾纠纷</td></tr>
<tr><td>地方政府委托移送</td><td>法院委托移送</td><td>公安机关委托移送</td><td>信访部门委托移送</td><td>其他部门委托移送</td><td>拖欠农民工工资纠纷</td></tr>
<tr><td>件</td><td>件</td><td>件</td><td>万元</td><td>件</td><td>件</td><td>件</td><td>件</td><td>件</td><td>件</td><td>件</td><td>件</td><td>件</td><td>件</td><td>件</td><td>件</td><td>件</td><td>件</td><td>件</td><td>件</td><td>件</td><td>件</td><td>件</td><td>件</td><td>件</td><td>件</td><td>件</td><td>件</td><td>件</td><td>件</td><td>件</td><td>件</td><td>件</td><td>件</td><td>件</td><td>件</td><td>件</td><td>件</td><td>件</td><td>件</td><td>件</td><td>件</td><td>件</td><td>件</td><td>件</td><td>件</td><td>件</td><td>件</td><td>次</td><td>件</td><td>件</td><td>件</td><td>件</td><td>件</td></tr>
<tr><td></td><td></td><td></td><td></td><td></td><td></td><td></td><td></td><td></td><td></td><td></td><td></td><td></td><td></td><td></td><td></td><td></td><td></td><td></td><td></td><td></td><td></td><td></td><td></td><td></td><td></td><td></td><td></td><td></td><td></td><td></td><td></td><td></td><td></td><td></td><td></td><td></td><td></td><td></td><td></td><td></td><td></td><td></td><td></td><td></td><td></td><td></td><td></td><td></td><td></td><td></td><td></td><td></td><td></td></tr>
</table>

图 D.4　人民调解案件情况统计表格式

附　录　E
(规范性)
人民调解卷宗格式

E.1　卷宗封面

卷宗封面格式如图 E.1 所示。

__________人民调解委员会

调解卷宗

卷　　　名：______________________________

卷　　　号：______________________________

人民调解员：______________ 调解日期：______________

立　卷　人：______________ 立卷日期：______________

保 管 期 限：______________________________

备　　　注：______________________________

图 E.1　卷宗封面格式

E.2　卷内目录

卷内目录格式如图 E.2 所示。

卷 内 目 录

序号	文书名称	页号	备注
1	人民调解申请书 和人民调解受理登记表		
2	人民调解调查记录		
3	人民调解证据材料		
4	人民调解记录		
5	人民调解协议书 或人民调解口头协议登记表		
6	人民调解回访记录		
7	司法确认有关材料		
8	卷宗情况说明		
9	封底		

图 E.2　卷内目录格式

E.3 卷宗情况说明

卷宗情况说明如图 E.3 所示。

卷宗情况说明

____
____
____
____
____
____
____
____
____
____
____
____
____
____
____
____

立卷人__________

图 E.3 卷宗情况说明

E.4 卷宗封底

卷宗封底格式如图 E.4 所示。

立 卷 人：	
审 核 人：	
立卷日期：	年 月 日

图 E.4 卷宗封底格式

参考文献

[1]人民调解委员会组织条例.1989年6月17日

[2]法释[2002]29号.最高人民法院关于审理涉及人民调解协议的民事案件的若干规定

[3]法释[2011]5号.最高人民法院关于人民调解协议司法确认程序的若干规定

[4]中办发[2002]23号.中共中央办公厅 国务院办公厅关于转发《最高人民法院 司法部关于进一步加强新时期人民调解工作的意见》的通知

[5]财行[2007]179号.财政部 司法部关于进一步加强人民调解工作经费保障的意见

[6]妇字[2017]13号.全国妇联 中央综治办 最高人民法院 公安部 民政部 司法部关于做好婚姻家庭纠纷预防化解工作的意见

[7]公通字[2010]29号.公安部 司法部 保监会关于推行人民调解委员会调解道路交通事故民事损害赔偿工作的通知

[8]全联发[2018]3号.全国工商联 司法部关于推进商会人民调解工作的意见

[9]司法部令第15号.人民调解委员会及调解员奖励办法

[10]司法部令第75号.人民调解工作若干规定

[11]司发通[2003]63号.司法部关于加强人民调解员培训工作的意见

[12]司发通[2004]3号.最高人民法院 司法部关于进一步加强人民调解工作切实维护社会稳定的意见

[13]司发[2007]10号.最高人民法院 司法部关于进一步加

强新形势下人民调解工作的意见

[14]司发通[2010]5号. 司法部 卫生部 保监会关于加强医疗纠纷人民调解工作的意见

[15]司发通[2010]224号. 司法部印发《关于贯彻实施〈中华人民共和国人民调解法〉的意见》的通知

[16]司发[2011]8号. 最高人民法院 司法部关于认真贯彻实施《中华人民共和国人民调解法》加强和创新社会管理的意见

[17]司发通[2011]93号. 司法部关于加强行业性 专业性人民调解委员会建设的意见

[18]司发通[2014]109号. 司法部关于进一步加强行业性 专业性人民调解工作的意见

[19]司发通[2016]1号. 司法部 中央综治办 最高人民法院 民政部关于推进行业性 专业性人民调解工作的指导意见

[20]司发[2018]2号. 中央政法委 最高人民法院 司法部 民政部 财政部 人力资源和社会保障部关于印发《关于加强人民调解员队伍建设的意见》的通知

[21]司发[2018]8号. 司法部关于印发《坚持发展"枫桥经验"实现矛盾不上交三年行动方案》的通知

[22]司发通[2018]119号. 司法部关于推进个人调解工作室建设的指导意见

[23]司基字[2011]9号. 司法部基层工作指导司关于进一步规范人民调解组织名称和标识的通知

[24]中调协[2019]8号. 中华全国人民调解员协会关于开展人民调解员等级评定工作的意见

[25]DB51/T 2537—2018 四川省人民调解工作规范

[26]DB33/T 2216—2019 浙江省人民调解工作规范